【公孫策說歷史故事（八）】

資世通

不當皇帝也用得上的資治通鑑

公孫策 著

〈總序〉三十本經典，一千個故事

經典之所以為經典，因為它的價值歷久不衰。例如我們對經典老歌，總能哼上幾句；對經典名句（如「多行不義必自斃」等）也能琅琅上口。可是一聽到「四書五經」、「經史子集」，大多數人都會敬而遠之。

原因之一，是我們對經典的整理工作，做得太少了。宋朝朱熹注解《四書》，就是一種整理工作，也的確讓《四書》普及於當時的一般人。清朝蘅塘退士輯《唐詩三百首》、吳氏兄弟輯《古文觀止》，也都是著眼於「經典普及化」的整理工作。然而，中華民國建國一百年了，卻未見值得稱道的經典整理作品。

另一個原因，是考試成了教育的唯一目的。於是，凡考試不考的，學生當然就不讀。這不能怪學生，也不能怪老師，事實上大家都為了考試心無旁騖。而那些對經典充滿使命感的大人們，只好規定一些必考的經典。其結果是，學生為了考試，讀了、背了，考完就忘了，而且從此痛恨讀經，視經典為洪水猛獸或深仇大恨——經典反成了學生心目中的「全民公敵」！

城邦出版集團執行長何飛鵬兄對中國經典有他的使命感，城邦也出版了很多「經典整理」的書籍，如：〈中文經典100句〉、〈經典一日通〉等系列。飛鵬兄建議我「以三十本經典為範疇，寫至少一千個故事」，取材標準則是「好聽的故事、經典的故事、有用的故事」。

為此，我發願以四年時間，寫完一千個故事，每天一則，在城邦集團的「POPO原創」網站發表，這項任務在二〇一四年間完成。然而，網路PO文雖然停止，我仍然繼續寫故事，希望這個「說歷史故事」系列可以一直寫下去。

簡單說，這一個系列嘗試以「說故事」的形式，將經典整理成能夠普及大眾的版本。不是「概論」，也不是「譯本」，而是故事書。然為傳承經典，加入「原典精華」，讓讀者又不僅僅是看故事書而已。

公孫策

二〇一一年秋

二〇一五年冬修訂

目錄

〈推薦序〉讀此書猶如穿越了把《資治通鑑》心性智慧帶給現代人的時光隧道

李克明

公孫策兄所規劃：要寫一千個歷史故事的《公孫策說歷史故事》系列，繼《英雄劫》、《大對決》、《黎民恨》、《夕陽紅》、《大唐風》、《勝之道》、《覘天命》之後的第八部大作《資世通：不當皇帝也用得上的資治通鑑》即將問市，囑余作序；這讓余有機會把本書先睹為快，一口氣讀完，只覺得意猶未盡，愛不釋手！

《資治通鑑》是中國傳世的史書巨著，共二百九十四卷，三百萬字，由三家分晉寫起，一直到五代後周世宗出征淮南，橫跨一千三百多年，十六個朝代，花了司馬光和助手十九年才完成。它不只是宋朝以降，帝王將相學習治國、平天下、領導、牧民，讀書人學習做人、處事，充滿真實案例的必讀寶典；而人心、人情不變，書中所蘊藏的心性智慧歷久彌新，在今世工商業社會一體適用！

遺憾的是，對二十一世紀的讀者來說，雖想進入《資治通鑑》蘊藏豐富的寶藏金礦，挖掘取寶，增添自己的知識、見聞、智慧，但面對三百萬字的巨著，卻有不知如何下手的苦惱；而一旦進入其中，更有「不識廬山真面目，只緣身在此山中」的感覺，頓生難以抓住方向，對所讀內容不知怎麼用在職場、人生的無奈！

公孫策兄為讀者做了資料探勘（Data Mining）的工作，以他對《資治通鑑》的融會貫通、領悟瞭解，精選出揣摩、保命、識相、跳槽四項常道與讀者分享。這四項常道，如自序中所言，其實要比一般人所認知的字面意義更為深遂：揣摩是察時知勢、謀定而動；保命是好生之德、求全守氣；識相是見形測微、洞燭機先；跳槽是棄暗投明、追求天命；正是現代人想在職場大顯身手，擁有圓滿順遂人生所必備的功夫。

公孫策兄再從《資治通鑑》中挑出四項常道的相關材料，以生花妙筆寫成楔子、二十四篇故事和後記。《幽夢影》云：「先讀經，後讀史，則論事不謬於聖賢。既讀史，復讀經，則觀書不徒為章句。」至此，公孫策兄已把揣摩、保命、識相、跳槽的常道理論和歷史事實同時呈現給讀者，經史合一，讓讀者能輕鬆掌握易讀、好學、管用的職場、人生寶貴案例！

為了讓讀者欣賞到文言文原文之美，公孫策兄在生動講述故事時，特別挑選出精華部分，以原文呈現，附上注釋，名之為「原典精華」。讀者在閱讀到故事關鍵處時，可以立馬掌握原文的味道，感受到《資治通鑑》原載故事的氛圍；而有心自《資治通鑑》學到、甚至背頌記下一些名言佳句的讀者，更可輕易地把喜愛的句子抄錄記下。

而最能體現公孫策兄四十多年浸淫古籍，所累積下來掌握道、事、義、情四理的功力者，則是他為各篇所寫的揣摩、保命、識相、跳槽通鑑——這是圍繞著四項常道主題，對歷史故事中人物所思、所為的點評分析，是全書精華之所在！這些通鑑給了《資治通鑑》另塊新鏡面，讓讀者在看來平鋪直敘的故事之中，看出許多不同門道；讀之，真不亦快哉！

《幽夢影》又云：「讀經宜冬……讀史宜夏……讀諸子宜秋……讀諸集宜春……」，讀《資世通》則是四季皆宜！相信萬千讀者們，會和余一樣，心曠神怡地穿越公孫策兄所精心搭建、通往《資治通鑑》的時光隧道，得到心性智慧的大幅提升！

（作者在國立政治大學EMBA講授整合西方理論與經典心性智慧的商業談判、中華儒道研究協會名譽副理事長、《當孔子遇上哈佛》微信公眾號原創刊文者、前元大創投董事長。）

〈推薦序〉萬幾分子路，一局樂顏回

葉言都

人是具有智力的生物，人與人之間關係的運作，就不像禽獸之間只憑本能，而是充滿著智力的因素。在智力或者自以為是智力的作用下，人會設法獲取最大的利益，或者自以為獲取最大的利益；會趨吉避凶，或者自以為趨吉避凶。因此人可能傷害別人，有些出於有心，有些出於無意；人也可能幫助別人，有些確實有用，有些卻越幫越忙。

世事如此紛紜，人世如此複雜，人事如此多端，我們身處人間，有可能感覺到得心應手，輕鬆愉快；也有可能感覺到壓力龐大，負擔沉重。然而輕鬆愉快不一定代表成功即將到來，壓力沉重也不一定代表難逃失敗，於是，我們更有可能感覺到徬徨困惑，不知如何是好。

面對這種情況，學習歷史可能是最好的解決方法，因為歷史的特性與用途，正好符合我們做人處事的需求。

在我們以前，已經存在過無數的人。可想而知，過去的人，也必然面對過與我們類似的狀況。他們會有各種感受、各種反應，結果有的成功，有的失敗。他們活動的紀錄保存下來，就構成歷史資料，可供後人整理、思考、研究，並賦予意義，因而書寫下來，就是歷史。

歷史作品必須經過作者賦予意義，才會有意義。有意義的歷史，才是有用的歷史。歷史的用途主要在兩方面：

第一是讓我們了解現狀是怎樣來的。現在某件事物是這個樣子，必然有過去發展演變的經過。歷史帶著我們追溯各種現狀的來龍去脈，使我們對現在四周的環境具有縱深式的清楚認識，這沒有其他任何一門學科可以做到。

第二是讓我們有機會歸納出人類的行為模式，妥為因應現狀，甚至預測未來的發展方向。歷史上有太多太多的人，做過太多太多的事，他們的行為若經過高明的歸納，即可發現往往具有雷同性，因此可以導出各種行為模式。了解這些行為模式後，我們可以將過去的事例應用於類似的現實中，一掃徬徨困惑，找到應走之路。

公孫策先生的這本書，就是真正有用的歷史書。

公孫策先生出身新聞事業，深具編採經驗，熟悉人性與人類社會運作原則，多年以來，早已成為洞悉世變的達人；現在以這本書將《資治通鑑》爬梳過濾，就其內容分門別類，正是探詢人類行為模式的範例。捧讀書稿，我能深深感覺到作者的學養與苦心。公孫先生教導大家通過讀《資治通鑑》學歷史，為的是讀史有心得，才能古為今用，變得通情、達理，即使身居社會叢林，也能履險如夷，獲致成就。

然而本書中其實還充滿更高一層的價值，那就是公孫先生在書中不斷提醒我們，在有所成就的同時，還應該時時心存仁德，避免趕盡殺絕，並儘可能救助危難。畢竟「天地之大德曰生」、「兵者凶器，聖人不得已而用之」，公孫先生在這本書中為大家出的謀、畫的策，實在含有濃厚的悲天憫人意味。在這本書裡，我們看到一位通透歷史的達人在如何循循善誘，努力將讀者與整個社會導向理性與祥和之路。

處世如弈棋，想要在博弈之盤上找出落子之路，追求笑逐顏開的結果，請深刻體會公孫策先生之策，那是必須閱盡歷代滄桑，具備深厚功力，更全心懷抱仁愛，才能提出的。

（本文作者為歷史學家、東吳大學歷史系暨創意人文學程兼任助理教授。）

〈作者序〉現代人的世情通鑑

一直想寫資治通鑑的故事，卻猶如面對滿漢全席，不知從何下箸。終於，給我想出了切入點，於是才有了這本書。

資治通鑑是一部「偉大」的編年史：上下一千三百六十二年，跨越十六個朝代。它的原始目的，是給皇帝看的史書，期待皇帝能夠因為讀了資治通鑑，以史為鑑而能有益於治理天下。但鏡子終歸是鏡子，皇帝不肯照鏡子，或照了鏡子卻仍對自己的「長相」自我感覺良好，這部偉大的「鑑」就毫無用處——明朝的皇帝每天清晨都要讀資治通鑑，可是大明王朝的歷史形象卻不怎麼受到恭維。然而，資治通鑑事實上記載了一千三百多年當中的重要事情，歷史人物的智慧與愚昧都記載在裡面，其中一定有現代人可資效法與戒惕之處。

這本書就是拋開帝王統治思考，擷取現代人、普通人也可以從中取鑑的歷史人物言行。但由於前人智慧包羅萬象，為避免流於漫談，而聚焦於四種對現代職場／社會仍具功能性的行為：揣摩、保命、識相、跳槽；內文形式仍然以人物為主軸述說歷史故事，而從人物事蹟當中，抽取出跟這四項行為有關係的部分，集成一本現代人的世情通鑑。

揣摩不是拍馬屁，不是一味討好，而是做足功課、反覆推求、臨機制變——如果要擷取資治通鑑裡的拍馬屁故事，那可多了，只怕本書十倍篇幅也不夠羅列。可是高級的揣摩術加上有效的運用，則蘇秦能夠以之左右國際大勢，而魏徵能夠佐成貞觀之治，那種故事就如鳳毛麟角，值得挑出來一述，也可資現代人學習應用。

保命不是苟且偷生，而是保全他人，也包括自己（個人或家族）的生命，絕不包括賣友求榮、靦腆事敵等言行。但保命的故事也太多，只能揀選保全人數較多的寫成專章，而只有保一個或特定少數人命的故事則寫成方塊。

識相說的不是一般定義的「識趣、鄉愿」或「忍氣吞聲」，而是「先識」，預見情勢或情況的變化方向，或慧眼識英雄但不是靠「面相」，也包括了認清現實而不躁動。

跳槽是現代詞彙，很多故事的性質跟揣摩、保命、識相有所重疊，但這對現代人縱橫職場（或在風浪中求生）應有裨益，因此特別拉出來成為專篇，供讀者參考。

本書是全系列的第八本，但卻是第一本從實用角度切入，希望讀者喜歡。

公孫策

二〇一九年秋

〈楔子〉三家分晉

司馬光選擇三家分晉那一年（西元前四〇三年）做為資治通鑑的起始年，因為他認為那是一個顛覆性的巨變，用現代語言說，三家分晉是舊秩序崩壞的一聲巨響，周天子竟然封晉國的三個大家族魏、趙、韓為諸侯，代表著當年周公訂下的規矩（天子－諸侯－大夫）被摧毀了。

以今天的眼光來看，當時的晉國事實上是在三大家族控制之下，晉國最後五位國君都是大夫擁立的傀儡，三家瓜分晉國只是反映現實而已。然而，從那時開始，異姓篡奪乃至革命易鼎就成為新常態，整本資治通鑑上下一千三百多年就都是這個戲碼——還真要佩服司馬光的抽象力。

然而，三家分晉卻不是突然發生的，有其來龍去脈。

春秋時代後期，諸侯中最強大的是晉國，晉國強大的原因之一，是六個大家族能夠團

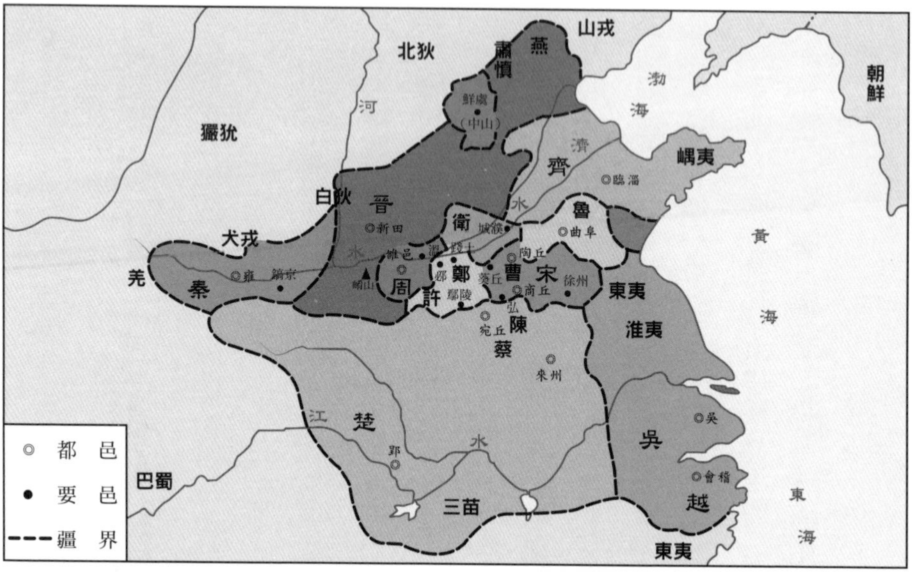

春秋時代國家分布圖

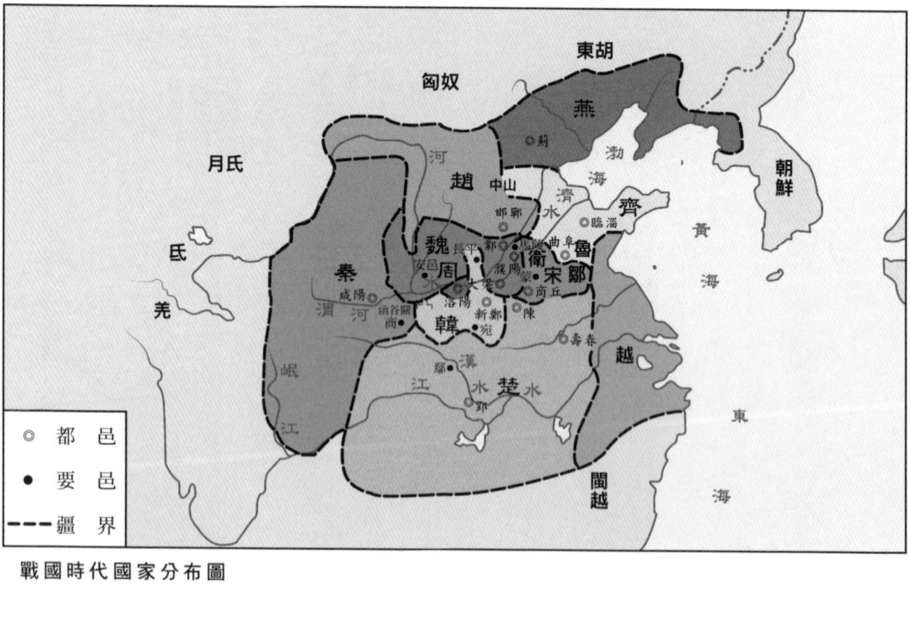

戰國時代國家分布圖

結對外，打勝仗會彼此讓功，吃敗仗能同赴危難，這跟其他諸侯如齊國、魯國、楚國的大家族彼此征戰，甚至勾結外國對付內仇，很不一樣。然而，就跟人的強處往往也是弱點一樣，六個家族之間既有默契又互相支援，晉國國君就被架空了。

最後犯錯的是晉出公，由於他以國君身分介入了巨室之間的紛爭，使得大家族之間原本的默契被破壞，演變為兵戎相見，形成兩大集團對抗，最後六個家族中的兩個被消滅，勝利的四家瓜分了失敗兩家的地盤。而晉出公先是跟敗方站一邊，後來又想聯合齊、魯攻打四大家族，結果被四家圍攻，敗逃齊國，死在途中——此後五位晉君都是當權家族擁立的傀儡。

事情發生之前，晉國掌執政大權的是四大家族之一智氏的族長智宣子，他立嫡子智瑤為繼承人，智瑤後來繼承了老爸的晉國執政地位（通鑑在此之後稱他智伯）。智伯領軍攻打鄭國，趙氏族長趙簡子生病，派嫡長子趙無恤帶軍隊參與，智伯以統帥身分宴請諸將，席間強灌趙無恤酒，還仗著酒意毆打趙無恤。趙氏群臣火大要跟智伯拚命，趙無恤安撫他們說：「父親立我為繼承人，就是看中我能忍。」趙無恤就是後來的趙襄子，而那一次也埋下趙襄子和智伯兩人不睦的火種。

智伯跟趙、魏、韓三家瓜分了范氏與中行氏的土地如前述，又趕走晉出公，立晉懿公，益發驕傲。有一天，智伯跟韓康子與魏桓子聚宴，他戲弄韓康子，又侮辱韓氏家相段規，智氏族人智國提醒要提防因此惹來災難，智伯說：「開什麼玩笑？我就是災難，我不給別人災難就很客氣了！」一笑置之。

不久之後，智伯向韓康子索求割讓土地，韓康子不願意，段規勸他：「智伯貪小便宜且剛愎自用，不如答應割地給他，他嘗到了甜頭，就會轉向別人（趙、魏兩家），別人不給，就會兵戎相見，我們不但免於一劫，還能坐山觀虎鬥。」於是韓康子將一個人口一萬戶的城邑割給智伯。

智伯食髓知味，接著就向魏桓子要求割地，魏桓子認為智伯無理，魏氏家相任章說：「正因為他無理，才要給他，給了他，他就會驕傲而輕敵，一旦輕敵，他的命就不長了，正所謂『將欲取之，必姑與之』啊！」魏桓子於是也割給智伯一個萬戶之邑。

智伯志得意滿，再向趙襄子（無恤）索取土地，趙襄子不答應，智伯於是裹脅韓、魏兩家一同出兵攻趙氏。趙襄子只好逃出曲沃（晉國都城），可是要逃去哪個城呢？他最後不選擇剛剛修竣城牆的長子城，也不選擇倉庫充實的邯鄲城，而選擇了晉陽城（今山西太原市）。

晉陽是趙氏的老家根據地，趙簡子擔任晉國執政時，自己必須待在曲沃，於是派尹鐸去鎮守晉陽。

尹鐸問：「您是要我去聚斂？還是要我建立晉陽成為情況萬一時的安全堡壘？」簡子說：「我希望你將晉陽經營成為一個安全堡壘。」

尹鐸到職之後，減輕人民稅賦，修築城防戰備。

趙簡子更交代趙無恤：「萬一晉國有難，記得一定要投奔晉陽，不要嫌尹鐸年輕，也不要怕晉陽路遠。」趙襄子記取老爹的囑咐，在危難來時選擇了晉陽。

【原典精華】

簡子使尹鐸為晉陽。請曰：「以為繭絲①乎？抑為保障乎？」簡子曰：「保障哉！」尹鐸損其戶數。簡子謂無恤曰：「晉國有難，而無以尹鐸為少②，無以晉陽為遠，必以為歸。」

——《資治通鑑．周紀一》

①繭絲：指斂取人民的財物像抽絲一樣，直到抽盡為止。

②少：年輕。

智、韓、魏三家聯軍攻打晉陽，團團圍城，並決開汾水，洪水滔天，距離城頭只差三版（二尺為一版，三版約當今天一百三十八公分），百姓家裡的爐灶都因為泡水而崩塌，城內遍地魚蛙，但是民心堅決，沒有人想要投降（尹鐸的治績見效）。

智伯上到高岡觀看戰事，魏桓子和韓康子陪同，看著晉陽城如一葉孤舟，智伯喜孜孜的說：「我今天才知道，水可以亡人之國啊！」一聽到這話，魏桓子用手肘輕碰韓康子，韓康子用腳輕碰回去，兩人心意相通：魏氏的根據地在安邑，依傍汾水；韓氏的根據地在平陽，依傍絳水；智伯一旦滅了趙氏，恐怕會如法炮製。

智氏的家臣絺疵提出警告：「韓、魏兩家可能背叛。」

智伯問他：「你怎麼知道？」

絺疵說：「我們跟兩家約定，消滅趙氏以後，三家瓜分趙氏領土。現在晉陽城陷落就在旦夕，他們應該高興才是，可是他們兩個卻面有憂色，那不是謀叛是什麼？」

智伯沒理會這個警告，反而將絺疵的話告訴魏桓子和韓康子，兩人立即指天發誓不可能背叛。

等到兩人告辭，絺疵進來，問智伯：「你把我昨天的話跟他們說啦？」

智伯吃了一驚，問：「你怎麼知道？」

絺疪說：「他二人看見我，先是凝視一番，然後低頭快步走過，我覺得他們心裡有鬼。」智伯認為是絺疪多心，仍然不理會，絺疪於是請求出使齊國。

困守圍城的趙襄子派出密使，趁夜出城遊說魏桓子和韓康子，約定日期行動。到期之日，趙軍發動突擊，反決堤防，智家軍陣地遭大水倒灌，大亂，魏、韓兩家軍隊乘勢從兩翼夾攻。趙襄子身先士卒，在陣前生擒智伯，立即斬殺。智氏一族全部屠滅，只走了智果——他曾經勸諫智宣子，如果立智瑤為繼承人，會害智氏滅族，智宣子後來仍然立智瑤為太子，智果就改姓為「輔」，而逃過此劫。

趙、魏、韓三家瓜分了智氏的領土，終於大到周天子不能不封他們為諸侯，晉國就此被趙、魏、韓三家瓜分，史稱三家分晉。

保命通鑑

尹鐸對趙簡子所言，其實是一種高水準的「保命」觀念，通常正處於得意狀態的人，不大會起這種念頭，甚至會認為講這話的人是「唱衰」。也因此，資治通鑑裡記載的，和我們處在職場、商場中看到的，總是幫老闆、上司聚斂者多，而提醒老闆「花無百日紅」者少。

識相通鑑

郗疵請求出使齊國和智果改姓，也都是保命，但是他倆都是因為看清楚「智伯必定失敗，且連累全族屠滅」，才做出這些近似背叛的行為，而這種能力，也就是本書所謂「識相」。

郗疵先是看出韓康子與魏桓子「心裡有鬼」，可是智伯不但不聽，還嫌他多心，於是他認定智伯必敗，縱使不敗於晉陽這一次，也會在往後敗亡，而他遠離災殃的最好方法就是出使外國。

智果則是當初智宣子要指定繼承人時，就反對智瑤（後來的智伯），他的理由是：「智瑤有五項優點：外貌俊美、精於騎射、通曉技能、文辭銳利、勇於決斷，卻有一項缺點：刻薄寡恩。各方面都贏人家，卻不能仁厚待人，誰能跟他相處？如果他成為智氏族長，恐將招致覆滅。」但智宣子仍執意要立智瑤為繼承人，智果只能改姓移居——他既如本書定義的「識相」，看出智瑤必敗；也如一般所謂「識相」，智瑤成了智伯，豈可能容得下他？識相點，自己離開為妙。

01. 千年靈驗的保命金言——翟璜

三家分晉之後，有一段時間趙、魏、韓之間的關係很緊張：趙獻侯想聯合魏文侯攻打韓國，然後趙、魏平分韓國土地；韓武子也想聯合魏文侯攻打趙國，然後韓、魏平分趙國土地——魏文侯用膝蓋也想得到，那兩家肯定也會在背後謀商聯手瓜分魏國土地，事實上那就是從前晉國六大家族相互吞併的模式。

魏文侯向趙、韓兩國君主提出，三晉應該對內休兵，各自對外發展，趙獻侯和韓武子接受了他的想法，於是三晉之間出現前所未有的和平。

歷史一再證明，和平總是能夠帶來繁榮進步——只要國君英明。魏文侯充分利用了這個和平時期，達成富國強兵，魏國因此能夠在戰國時期第一個稱雄。而他讓國家富強的方法，也一再在資治通鑑裡看到：任用人才。

魏文侯任用的頭號人才是李悝（音同「窺」）。李悝最重要的政策是「盡地利」，將土地分配給農民，打破貴族壟斷，釋放人民對私有財產的動力（為自己而非為領主耕作）。然後「奪淫民之祿，以來四方之士」：他稱那些不勞而食祿的人是「淫民」，事實上那些就是世襲的貴族，沒有官職可以做，就成了「米蟲」。簡單說，李悝對前晉國沒落的貴族階級「落井下石」，沒收他們的特權，用以招攬四方人才。

李悝的盡地利政策使得農民盡力「為自己耕作」，而魏國的水利事業更成為農業生產的後盾與助力，這方面的大功臣是西門豹。西門豹擔任鄴縣令（今河北臨漳市），配合李悝推動「藏糧於民，寓兵於農」政策，並著手興建漳水十二渠建設，使得魏國的生產力大增，然後在「富國」的基礎上強兵。

魏國的強兵頭號功臣當推吳起。

吳起是衛國人，他起初到魯國尋求發展但被排擠，於是投奔魏國。魏文侯接見吳起，兩人經過一番對談後，在魏國宗廟裡拜吳起為大將（以示鄭重）。吳起擔任大將期間，率領軍隊與諸侯大戰七十六次，全勝六十四次（此處稱「全勝」的定義：軍事勝利且保全軍隊），其餘十二次不分勝負。也就是說，吳起的紀錄是「百分之百不敗」。吳起帶領魏軍攻進了秦國的西河，也就是黃河以西地區，黃河是春秋時代秦穆公跟晉文公對峙以來，數百年沒變的秦晉國界（迄今仍是晉陝省界）。

另一位名將樂羊是中山國人，卻帶領魏軍打下中山國。至此，魏國不但突破了從前晉國的規模，甚至勢力從北方「包」住了趙國和韓國，已經完全不怕趙韓聯手攻魏。然而，魏文侯仍然堅持三晉不內鬥，因此他在位期間，能夠維持霸業不墜。

還有一位翟璜，翟璜不僅是「布衣人才」，甚至不是華夏一族，一說他是戎人，一說他是狄人，但是他受到魏文侯高度的信任，而翟璜的宰相之路曾經有一番挫折：

【原典精華】

李克出，見翟璜。翟璜曰：「今者聞君召先生而卜①相，果誰為之？」

克曰：「魏成。」

翟璜忿然作色曰：「西河守吳起，臣所進也；君內以鄴為憂，臣進西門豹；君欲伐中山，臣進樂羊；中山已拔，無使守之，臣進先生；君之子無傅，臣進屈侯鮒。以耳目之所睹記，臣何負於魏成？」

李克曰：「魏成……東②得卜子夏、田子方、段干木。此三人者，君皆師之；子所進五人者，君皆臣之。子惡得與魏成比也！」

——《資治通鑑．周紀一》

魏文侯想在翟璜和韓成兩人之間選一個當宰相，詢問李克的意見。李克起先滑頭閃躲，魏文侯一定要他表示意見，他就說了莫測高深的五原則，「居視其所親，富視其所與，達視其所舉，窮視其所不為，貧視其所不取」。魏文侯聽後說，「我懂你的意思了。」

李克出宮，遇到翟璜，翟璜急忙問：「國君會任命誰當宰相？」

李克說：「魏成。」

翟璜當場變臉說：「西河守將吳起是我推薦的，鄴縣令西門豹是我推薦的，攻打中山的大將樂羊是我推薦的，攻下中山後我推薦先生你去當中山守將，太子的師傅屈侯鮒也是我推薦的，我哪一點不如魏成？」

李克說：「魏成從東方請來卜子夏、田子方、段干木，國君以他們三人為師。而你推薦的五位，國君都用他們作部屬，你怎麼跟魏成比？」

從上述這段對話更看到，魏文侯能夠建立「戰國七雄第一雄」，不僅止於能夠識人、用人，他的重要幹部都有在幫他物色、廣邀人才到魏國服務。還有一點更重要，魏文侯除了廣進人才、適才適用，而且不以個人好惡用人，他作為一個君主，還能做到「不聞過則怒」。

保命通鑑

魏文侯有一次問群臣：「我是怎麼樣的一個君主？」群臣一致回答「仁君」，只有一位大夫任座白目的唱反調，「你得到土地，不封給弟弟，卻封給兒子，怎麼稱得上仁君？」文侯聞言大怒，任座見苗頭不對，小碎步退出。

文侯再問翟璜，翟璜說：「您當然是仁君。」

文侯（肯定沒好氣）說：「你怎麼知道？說說你的理由。」

翟璜說：「我聽過一句名言『君仁則臣直』，方才任座能夠勇敢的說出自己意見，由此可知您是一個仁君。」

魏文侯聽了，登時心情大好，命翟璜將任座叫回來，文侯親自走下台階相迎，請

①卜：決定。卜相：決定宰相。
②東：東方。三人都是儒家，東意指魯國。

他上座。

這個故事裡我們看到的，除了魏文侯的氣量寬宏之外，也看到翟璜能夠巧妙的保全任座，同時也保全了國君的德行。

而翟璜那一句「君仁則臣直」，在資治通鑑裡一再出現，幾乎成了「救命金言」。

【原典精華】

高堂隆上疏，……隆數切諫，帝頗不悅。

侍中盧毓進曰：「臣聞君明則臣直，古之聖王惟恐不聞其過，此乃臣等所以不及隆也。」帝乃解。

——《資治通鑑．魏紀五》

三國魏明帝時，光祿勳高堂隆屢次諫諍，興建皇宮不應該太奢華，且措辭直白，明帝非常不高興。

侍中盧毓進言：「我聽過『君明則臣直』，古代的英明君主唯恐聽不到臣子指出他的過失，這正是我們其他人不及高堂隆的地方啊！」明帝這才釋然。

【原典精華】

上嘗罷朝，怒曰：「會須①殺此田舍翁②。」后問為誰，上曰：「魏徵每廷辱我。」后退，具朝服立於庭，上驚問其故。后曰：「妾聞主明臣直；今魏徵直，由陛下之明故也，妾敢不賀！」上乃悅。

——《資治通鑑．唐紀十》

唐太宗有一天退朝回宮，口中咆哮：「我一定要殺掉這個沒禮貌的鄉巴佬！」

①會須：應當。此處做「一定要」解。

②田舍翁：鄉巴佬，意指魏徵言語直白粗魯。

長孫皇后問是哪個鄉巴佬？

太宗說：「還不是魏徵那傢伙！他老是在朝廷上不給我面子。」

長孫皇后退下，然後換上正式朝服，立於廷下。

太宗詫異問道：「什麼事？」

長孫皇后說：「我聽過一句名言，『君主英明，臣子才能直言無諱』，如今魏徵膽敢如此直言，正是因為陛下英明啊！我豈能不道賀？」

然而，「君明則臣直」這句話要能生效，前提是「君明」，若不是魏文侯、魏明帝、唐太宗那樣的君主，不但進諫的人要掉腦袋，恐怕說情的也會遭殃。

02. 幫齊宣王合理化侵略行為——孟子

魏文侯之後稱雄的是齊威王，可是這個齊國卻不是春秋時代齊國的後裔。周武王成為天子後，將姜太公封到東方的齊國（今山東的北部，南部為魯國），傳到齊桓公時成為春秋五霸的首位。而齊桓公成為諸侯盟主，下述這個故事起了決定性的作用：

【原典精華】

燕莊公遂送桓公入齊境。桓公曰：「非天子，諸侯相送不出境，吾不可以無禮於燕。」

於是分溝①割燕君所至與燕，命燕君復修召公②之政，納貢于周，如成康之時。諸侯聞之，皆從齊。

——《史記‧齊太公世家》

北方的山戎攻擊燕國，燕國向齊國求援，齊桓公親自領兵幫燕國逐走山戎，燕莊公當然親自送齊桓公回國。走著走著就進入了齊國國境。這時，齊桓公對管仲說：「當年周公定下的規矩，只有天子可以跨國境，諸侯之間相送不可以出國境，我不能違背周禮。」於是將當時燕莊公走入齊國國境的土地，全部割給燕國。同時囑咐燕莊公「要行當年燕召公的仁政，並且向周王納貢」。齊桓公這個故事，包含了攘夷、尊王，並且擺足了盟主架勢。其他諸侯聽說後，都向齊國歸心。

可是齊桓公的霸業到他逝世為止，之後是晉文公的霸業，後來發生晉齊「鞍之戰」（鞍在今濟南西北），齊國大敗，淪為二線強國。（作者按：鞍之戰正是前章述及「晉國六大家族包攬晉國國政」的開始。）

早在三家分晉之前，齊國掌權大夫田和已經被周天子立為齊侯，後來取代姜太公的後裔成為齊國國君。到三家分晉那一年，田和的孫子田因齊即位，後來成為齊威王，而齊威王堪稱魏文侯之後的戰國七雄「第二雄」——特別是兩次擊敗魏國，包括成語「圍魏救趙」的典故，以及孫臏殺龐涓的馬陵之戰。

齊威王即位初期，連續遭到晉國、魯國、衛國、趙國的攻擊，而他能讓齊國振衰起弊，以下兩個故事可以覘探其原因：

【原典精華】

威王召即墨大夫而語之曰：「自子之居即墨也，毀言日至。然吾使人視即墨，田野辟③，民人給④，官無留事⑤，東方以寧。是子不事吾左右以求譽⑥也。」封之萬家。

①分溝：在地上畫出國界線。
②召公：燕國第一任國君，行仁政為燕人所傳頌。
③辟：同「闢」。
④給：得到供給（無缺）。
⑤留事：拖延公事。
⑥譽：美言。

召阿大夫語曰：「自子之守阿，譽言日聞。然使使視阿，田野不辟，民貧苦。昔日趙攻甄，子弗能救。衛取薛陵，子弗知。是子以幣厚⑦吾左右以求譽也。」是日，烹阿大夫，及左右嘗譽者皆并烹之。

——《史記．田敬仲完世家》

齊威王將即墨大夫召來，對他說：「派你去即墨（今山東青島市內）以後，每天聽到都是對你的壞話，可是我派人去即墨實地考察，田野都得到開闢，人民衣食都不虞匱乏，官吏都不拖延公事，齊國的東方因此得以安寧。顯示你沒有送禮餽贈我的左右，要他們幫忙說好話。」封他一萬戶食邑。

又召來阿大夫，對他說：「自從你去守阿城（今山東聊城市內），天天聽到對你的讚美語，可是我派人去實地看，田野沒開闢，人民生活貧乏。之前趙國攻打甄城，你不能救援；衛國攻打薛陵，你根本不知道（阿、甄、薛陵都在齊國西方，與趙、衛鄰近）；一定是你收買我的左右，要他們幫你在我面前美言！」當天就烹殺阿大夫，以及曾經幫阿大夫美言的進臣。

另一個場景是齊威王跟梁惠王盟會，梁惠王問齊威王：「齊國有什麼寶物嗎？」齊威王說：「沒有。」

梁惠王說：「我的國家只是個小國，都有十枚直徑一寸的明珠（周制一寸約今天二點三公分），可以照亮前後十二乘馬車。你們萬乘之國怎麼可能沒有寶物？」

齊威王說：「寡人心目中的寶物，跟大王的標準不大一樣。我有個大夫名叫檀子，派他守南城，非但楚國不敢來犯，泗水流域十二個小國都來朝；另外一位大夫盼子，派他守高唐，趙國人不敢到黃河打魚；還有一位大夫黔夫，派他守徐州，燕國和趙國人民徒步來投靠的七千餘家；更有一位大夫種首，派他管治安，國內道不拾遺。這些齊國之寶，可以照亮千里，豈止照亮十二乘馬車而已！」

簡單說，齊威王能夠任用人才、識別忠佞，而且用賞罰立威信，對內提高生產（闢田野），讓百姓生活富足，對外則外交讓友邦折服，軍事令敵國喪膽。可是傳到他的兒子齊宣王時，國力雖然仍強，卻不能讓諸侯近悅遠來，反而併吞了燕國。

然而，燕國滅亡卻要歸咎於自己——燕王噲腦袋壞掉了，想要效法堯舜禪讓，將王位

---

⑦以幣厚：用錢收買。

讓給宰相子之，自己甘願當臣子。子之當政三年，燕國發生內戰，混戰數月，死難軍民達數萬人，全國陷入恐慌。

齊宣王派出遠征軍進攻燕國，燕國邊防軍完全不抵抗，甚至不關閉城門，齊軍長驅直入首都薊城（今北京市內），殺燕王噲，醢（音「海」，剁成肉醬）子之。

齊軍滅燕後，齊宣王徵求孟子的意見，孟子給了他滿意的答覆。

【原典精華】

齊王問孟子曰：「或謂寡人勿取燕，或謂寡人取之。以萬乘之國伐萬乘之國，五旬①而舉②之，人力不至於此；不取，必有天殃③。取之何如？」

孟子對曰：「取之而燕民悅則取之，古之人有行之者，武王是也④；取之而燕民不悅則勿取，古之人有行之者，文王是也。以萬乘之國伐萬乘之國，簞食壺漿⑤以迎王師，豈有他哉？避水火也。如水益深，如火益熱，亦運⑥而已矣！」

——《資治通鑑．周紀三》

齊宣王問孟子：「有人勸我不要併吞燕國，也有人勸我要併吞。無論如何，齊國和燕國同樣是擁有一萬輛兵車的大國，能夠在五十天內攻克，單憑人力是不可能的。既然天意如此，違背天意恐遭天降禍殃。你認為怎樣？」

孟子回答：「併吞燕國而燕國人民高興，就併吞它，周武王討伐商紂王就是古人先例；攻打它而人民不快樂，就不去攻打它，周文王就是先例。一個萬乘之國併吞另一個萬乘之國，人民簞食壺漿來歡迎征服者，沒有其他原因，就是因為王者之師來拯救他們於水深火熱之中。如果併吞以後，水更深、火更熱，很簡單，人民會簞食壺漿歡迎新的王師。」

齊國併吞了燕國，其他諸侯國擔心齊國變成兩倍強大，會商如何進行國際干預，幫助燕國復國。齊宣王再問孟子意見：「諸侯國謀我甚亟，該如何對應？」

孟子說：「天下諸侯原本就忌憚齊國強大，如今又擴張兩倍，如果你不行仁政，那等

①旬：十日。五旬：五十天。
②舉：事成。
③殃：禍。天殃：上天降禍。
④周武王伐紂，史稱「弔民伐罪」，意謂為了拯救人民而發動戰爭。
⑤簞食壺漿：帶著食物水酒前往勞軍。
⑥運：輾轉，意謂「倒過來歡迎新的王師」。

於吸引各國來攻擊齊國。大王趕快下令，釋放被捕的老人和小孩，停止掠奪燕國寶物，跟燕國有聲望、學問的人一同商量，為他們設立新的君主，然後光榮撤軍，這樣還可以維持齊國的威信。」齊宣王不接受孟子的建議。

不久之後，燕國處處抗暴，齊宣王後悔的說：「我實在沒臉見孟子啊！」。

終於，齊宣王還是從燕國撤軍，燕人擁立燕王噲的太子為燕昭王。燕昭王勵精圖治，雪恥復國，招徠天下英雄到燕國，其中包括樂毅。齊宣王死後，燕昭王用樂毅為大將，率領五國聯軍攻擊齊國，幾乎滅了齊國，燕國於是成為戰國七雄之一，而齊國則淪為次等強國。

而齊國跟燕國的關係，從齊桓公與燕莊公當年的以禮服人、濟弱扶傾，到齊宣王與燕昭王的以力服人、相互併吞，也呈現了戰國跟春秋兩個時代的遊戲規則迴變。

揣摩通鑑

齊宣王都已經攻下薊城，滅了燕國，才來問孟子意見，孟子還能說什麼？生米都已經煮成熟飯了。

但根據《史記．燕召公世家》記載，燕國陷入內戰，大亂，孟軻（孟子本名）對宣王說：「現在伐燕，時機正如如周武王伐紂，不可錯失。」也就是說，其實是孟子鼓勵齊王趁燕國之危，併吞燕國。

出現如此大的差異，跟孟子的歷史地位演變有關係——孟子是受到唐朝韓愈的推崇，才成為儒家的「亞聖」，在此之前，孔子之下的第一位是顏淵。而司馬光是宋朝人，所以《資治通鑑》採用了《孟子．梁惠王下》對這一段歷史的記載，因而維持了孟子的儒家形象，沒有把他寫成縱橫家。但事實上，縱橫家的鼻祖也是孔子——孔子是第一個周遊列國推銷自己理念的國際說客，而孟子曾遊說過梁惠王、齊宣王，以及宋、滕等國君。

無論如何，孟子當時確實完全揣摩到齊宣王的心底，宣王既然已經決定要併吞燕國，孟子只能提供齊宣王一個說法，合理化他的侵略行為——作為一個遊說之士，他能做的就是這樣了。

然而，孟子畢竟還是儒家，後來他建議齊宣王「為燕國立新君，讓他復國，然後光榮撤軍」，顯然很不識相，但肯定符合孟子的理念，當「魚與熊掌」不可得兼時，他還是選擇義理，而非為了討好君主放棄原則。

要知道極致的縱橫家如何揣摩，如何以三寸不爛之舌打動諸侯國君之心，請看下一章。

03. 布衣卿相開啟時代——商鞅、蘇秦

前章提到燕昭王用樂毅為大將，率五國聯軍攻打齊國。燕國剛剛復國，憑什麼號召五國聯軍？那是打著「六國縱約」旗號而組成——六國合縱抗秦，秦國攻擊哪一國，其他五國都出兵攻秦；哪一國破壞盟約，其他五國也聯合攻之。

於是說到了戰國時代有名的「合縱連橫」——南北為縱，東西為橫，東方六個縱向國家聯合抵抗秦國稱「合縱」，而秦國拉攏魏、齊，瓦解縱約稱「連橫」。然而，前面不是提到「魏文侯稱雄侵佔秦國領土」嗎？秦國曾幾何時強大到要讓六國聯合對抗它呢？

關鍵人物是商鞅（公孫鞅、衛鞅、商君都是他，以下皆稱商鞅）。

【原典精華】

公叔曰：「痤之中庶子衛鞅，年雖少，有奇才，願君舉國而聽之①！」王嘿然②。

公叔曰：「君即不聽用鞅，必殺之，無令出境。」王許諾而去。

公叔召鞅謝曰：「吾先君而後臣，故先為君謀，後以告子。子必速行矣！」

鞅曰：「君不能用子之言任臣，又安能用子之言殺臣乎？」

——《資治通鑑．周紀二》

商鞅原本在魏國宰相公叔痤門下任職，公叔痤向國君推薦商鞅為相，並且說：「這個人年紀雖輕卻胸有奇才，如果你不能用他，最好將他殺掉，別讓他離境，否則必成魏國後患。」

公叔痤回去對商鞅道歉，並且勸他趕快逃走。商鞅說：「沒事。他不能接受你的推薦用我，又怎會聽你的話殺我？」

①舉國：全國。舉國而聽之：擔任宰相。
②嘿然：不置可否的樣子。

商鞅聽說秦孝公廣招四方賢才，想要恢復秦穆公時代的霸業，就去到秦國，透過寵臣景監的推薦，覲見秦孝公。兩人相談甚久，可是孝公頻頻打瞌睡。

會談結束後，孝公怒斥景監：「你那個朋友胡言亂語，哪裡能用？」景監責備商鞅，商鞅說：「我對國君闡述帝道，可是他志不在此。」

過了五天，景監再次請求孝公接見商鞅，商鞅說了一大套，孝公仍然聽不進去，又責備景監。景監責怪商鞅，商鞅說：「我以王道遊說國君，他不能接受。拜託，再幫我請求覲見。」

第三次面談，秦孝公稱讚商鞅，可是並沒有重用他，對景監說：「你那個朋友講的有點意思了。」景監向商鞅轉述，商鞅說：「我這次說的是霸道，我現在知道國君想要的是什麼了。」

於是商鞅第四次覲見孝公，兩人坐著相談，不知不覺間，孝公的膝蓋都凸出了坐席，連談數日而不厭倦。

景監問商鞅：「你都說了些什麼，讓國君如此喜歡？」

商鞅說：「我以帝王之道遊說國君，他等不及那種數十、百年才能成功的方法，所以我對他說『強國之術』，他大為欣賞，但是那一套將難以建立如殷、周那樣的長治久安。」

秦孝公重用商鞅進行大改造，此處不細述商鞅變法的內容，商鞅說的「強國之術」，基本上就是魏文侯實施的「先富國，再強兵」之術。但商鞅採取的手段比魏文侯的改革激烈很多，簡單說結果：商鞅得罪了秦國的貴族階級，因此在孝公逝世後，遭到貴族反撲，落得被「車裂」的下場。

商鞅死了，可是後繼的秦王卻都延續商鞅變法後的制度，商鞅死後直到秦始皇削平六國，一百一十年「鞅死而秦法未變」。商鞅在世時，他率領秦軍連續擊敗魏國，魏國割河西地給秦國請和，秦國遷都咸陽，完全恢復了秦穆公時的疆域，而魏國則因形勢所迫遷都大梁（今河南開封市），魏惠王因此自稱梁惠王，並且說：「我後悔沒聽公叔痤的話。」

商鞅死後，秦國繼續擴張，使得其他國家都感受到威脅，因此才讓原本相互攻伐的戰國諸侯，接受「聯合抗秦」的觀念，而促成六國合縱的關鍵人物，則是蘇秦。

蘇秦是雒陽（今河南洛陽市）人，那是周天子的王畿首都。他去齊國的鬼谷遊學，拜在鬼谷先生的門下。（關於鬼谷有很多種說法，比較為多數接受的一種是，很多「高人」避亂世而聚居於鬼谷，不願彰顯其名而統稱鬼谷先生，《鬼谷子》一書則是後人假託之作。）

蘇秦學成返家，卻遭到務農的兄弟嫂妹等訕笑。蘇秦緊閉房門，將帶回來的書箱全部打開（那時候的「書」，是用刀刻在竹簡或木簡上，用繩索串起成「冊」），找到《太公陰符經》（姜太公的兵法與謀略之術），潛心研讀。讀累了，就拿利器刺自己的大腿，血一直流到腳跟。一年後，蘇秦歸納出一套揣摩之術，說：「行了，可以去遊說當世各國君王了。」

蘇秦最先想要遊說周顯王，但他是本地人，而周王身邊人都知道「蘇秦只有一張嘴」；行不通，於是西上去見秦惠王，惠王剛下令車裂了商鞅，不喜歡聽「外來和尚念經」；又不成功，蘇秦乃轉往當時三晉最強的趙國，趙肅侯當時將國政通通委交宰相奉陽君，也是他的弟弟趙成，而奉陽君跟蘇秦不來電，因此又不成。

蘇秦連續碰壁仍不氣餒，再前往燕國，遊說燕文公。

【原典精華】

蘇秦說燕文公曰：「燕之所以不犯寇被甲兵者，以趙之為蔽其南也。且秦之攻燕也，戰於千里之外；趙之攻燕也，戰於百里之內。夫不憂百里之患而重千里之外，計無過於此者。願大王與趙從親①，天下為一，則燕國必無患矣。」文公從之，資蘇秦車馬，以說趙肅侯。

——《資治通鑑．周紀二》

蘇秦對燕文公說：「燕國之所以能夠置身於戰國的戰火之外，全靠南邊有個趙國。今天如果秦國想要攻打燕國，必須到千里之外作戰，可是如果趙國要攻打燕國，那可是在百里之內作戰。大王肯定應該跟趙國親近並且促成合縱之約，燕國就沒有憂患了。」燕文公完全接受這套戰略，於是供給蘇秦車馬和金帛前往趙國——那是蘇秦的第一桶金。

到了趙國，剛好奉陽君死了，蘇秦得以面見趙肅侯，一套稱霸諸侯的理論說動了趙肅侯，給他一百乘豪華馬車、黃金一千鎰（一鎰二十四斤）、白璧一百雙、錦繡一千疋，前往各國促成合縱。蘇秦成功說服了韓、魏、齊、楚，於是六國結盟共同抗秦，蘇秦同時佩帶六國的宰相印信。

①從：通「縱」。從親：結成合縱之約以親近。

揣摩不是淺層的猜測，而是反覆推求以獲致結論。如前述商鞅見秦孝公，一次又一次的試探，最後完全瞭解秦孝公想要的是什麼。雖然我們無從得知，商鞅憑什麼讓景監三度說服孝公「再聽他說一次」——景監承擔的風險超高，搞不好連自己的地位都不保。而我們可以確定，蘇秦並沒有商鞅的條件，因為他在周、秦、趙都是一次碰壁就走人了。因此，蘇秦的揣摩術必須比商鞅高明，而且他在覲見燕文侯、趙肅侯之前，必須做足功課，只有完全體會被遊說對象的心底，才能一擊中的。

且看蘇秦說服六國國君的關鍵說辭：

對燕文侯：秦國跟趙國為敵，燕國若靠向千里以外的秦國，而不跟鄰近的趙國交好，沒有比這更嚴重的錯誤了。

對趙肅侯：崤山以東最強的就是趙國，而秦國為什麼不敢舉全國之力攻趙？因為擔心韓、魏會攻擊他的後方（趙、魏、韓原本就是擋住秦國勢力東向的晉國）。所以趙國應該跟韓、魏修好，而如果六國合縱能夠成功，秦軍必定不敢出函谷關，而趙國的霸王之業就成了。

對韓宣王：俗話說「寧為雞口，無為牛後」，韓國雖然土地、人口不如其他諸侯，可是韓國的國防科技勝過其他國家，強弓的射程可達六百步之外，寶劍能夠斬破敵人的鐵甲，說韓軍「以一當百」絕不誇張，以如此雄師而臣服於秦國，那跟「牛後」有什麼差別呢？

對魏襄王：魏國其實國力夠強，但是大王左右有很多人拿秦軍強大來恐嚇大王，建議割地給秦國以換取和平，這些都是姦人，而非忠臣，希望大王明察。

對齊宣王：魏國、韓國怕秦國，因為他們國土交界，齊國怕什麼？秦軍要想攻擊齊國，必須穿過太行山天險，齊國以一百人防守，秦國一千人不敢過。更何況，齊國國力豐沛，單單臨淄城就有七萬戶居民，可以動員二十一萬軍隊，何必向秦國低頭？

對楚威王：天下就秦、楚兩國，楚強則秦弱，秦強則楚弱，其勢不兩立。如果大王不參加山東諸國（**崤山以東的韓、魏、趙、燕、齊五國**）的合縱聯盟，秦國可以毫無顧忌的發兵攻擊楚國，而大王如果參加縱約，我讓山東各國向楚國呈獻樂隊、美女、良馬。

這些說辭事實上打中了六國君王的心底：燕國夾在齊、趙兩強之間，燕文侯希望最好大家沒事不打仗，故說之以「維和」；趙國在魏國（魏文侯）衰弱之後，國力最強，趙肅侯對稱霸很有意思，故說之以「建霸」（事實上蘇秦遊說合縱成功後，趙國也確實成為縱約長）；韓國鄰近秦國，在戰國七雄中最弱小，韓宣王卻始終不服氣，故說之以「無為牛後」；魏國受秦國侵凌最甚，而魏襄王對朝中一干主張「割地事秦」的大夫不滿，故說之以「那些都是姦臣」；齊國距離秦國最遠，齊宣王更有「恢復齊桓公霸業」的夢想，故說之以「不次於秦」；楚國一直以來被中原諸侯視為蠻夷，強盛時與中原諸侯爭霸，不若時自守南方，楚威王好逸惡勞，故說之以逸樂。

這是蘇秦的成功方程式，他的揣摩之術被譽為千古第一，但也的確使得「秦兵不敢窺函谷關十五年」。

跳槽通鑑

蘇秦佩六國相印，另一位跟他齊名的張儀（也是鬼谷同窗）也擔任過秦、魏、楚三國宰相，戰國時期的遊說之客，跨國擔任宰相、上卿者直可謂「族繁不及備載」。他們多半是所謂「布衣卿相」，或許因為不具貴族卿相對國家的認同與忠誠，乃能視時勢跳槽而不赧。

無論如何，布衣卿相顛覆了周公以來的「君子／小人」（也就是貴族／庶民）社會階級制度，也因為大量的布衣菁英投入政治，貢獻出更多智慧，而開啟了新的時代。

然而，跨國擔任卿相的不是只有布衣，也有貴族出身，請見下章。

04. 雞鳴狗盜與狡兔三窟——孟嘗君

蘇秦佩帶六國相印只有三年，魏國、齊國聯手攻擊趙國，縱約於是名存實亡，蘇秦也不見容於趙肅侯，先投奔燕國，又離開燕國去齊國。當時齊宣王在位，可是只收容蘇秦，而沒有重用他，因為齊宣王有一位能幹的宰相田嬰。

田嬰是齊威王最小的兒子，齊宣王最能幹的弟弟，他受封為靖郭君，食邑在薛。

【原典精華】

靖郭君欲城薛，客①謂靖郭君曰：「君不聞海大魚乎？網不能止，鉤不能牽，蕩②而失水，則螻蟻制③焉。今夫齊，亦君之水也。君長④有齊，奚⑤以薛為！苟為失齊，雖隆⑥薛之城到於天，庸足恃乎？」乃不果⑦城。

——《資治通鑑．周紀二》

田嬰成為齊國宰相時，想要在薛邑築城，一位門客勸他：「你聽說過海裡的大魚嗎？漁網罩不住牠，釣鉤拉不動牠，可是一旦擱淺在沙灘，連螻蟻都能置牠於死地。閣下如果能夠長期保住齊國的執政地位，還要薛邑幹嘛？如果失去齊王的支持，即使把薛邑的城牆建得跟天一樣高，又有什麼用？」田嬰於是停止築城。

田嬰妻妾成群，有四十個兒子，其中一個出身微賤的妾生了個兒子名叫田文。由於孩子的出生日子不吉利，田嬰要那個賤妾將孩子拋棄，可是那位母親偷偷的將孩子養大，直到成人了，才敢讓田嬰見到兒子。田嬰當場發怒，這時田文上前頓首，問父親為什麼生氣。

①客：門客，門下食客。戰國時的門客多為布衣人才，在貴族門下生活無慮，成為顧問群。
②蕩：名詞，淺灘。
③制：動詞，制服。
④長：長期。
⑤奚：何必。
⑥隆：高大。
⑦不果：不成。

田嬰說：「五月五日生的孩子，長到跟門楣齊高時，將不利於父母。」

田文問：「人生是受命於天，還是受命於門？」

田嬰一時答不上來。

田文說：「如果是受命於天，那大人有什麼好擔憂的？如果是受命於門，那麼，將門框加高不就行了？」

田嬰從此對這個兒子另眼相看，讓他主持接待門客的工作。田文將這個工作做到了極致——門客一天一天增加，名聲遠播於諸侯，諸侯甚至向田嬰建議，立田文為家族繼承人。田嬰接受了諸侯的推薦，於是，田文後來繼承了薛邑，並成為大家熟悉的孟嘗君。

孟嘗君漸漸聞名於天下，秦昭王聽說孟嘗君的賢名，把曾經跟自己爭奪王位的弟弟涇陽君送到齊國當人質，希望交換孟嘗君去秦國（外放國內政敵，換來別國賢人，一舉兩得之計）。孟嘗君一度動心，可是當時沒去。隔了兩年，孟嘗君還是去了秦國，一到，秦昭王立即任命他為秦國丞相。可是很快就有人對秦昭王「打針下藥」，認為孟嘗君必以齊國利益為優先，對秦國不利。秦昭王接受這個說法，撤換丞相，並將孟嘗君監禁起來，預備處決。

孟嘗君私下打聽到，秦昭王非常寵信一位愛姬，於是派人向那位秦王愛姬請求救援，那位愛姬對來人說：「希望得到孟嘗君的白色狐裘。」孟嘗君原本有一襲白色狐裘，價值千金，天下無雙。可是在抵達秦國時，獻給了秦昭王，此時已經沒有了。怎麼辦？

【原典精華】

客有善為狗盜者，入秦藏①中，盜狐白裘以獻姬。姬乃為之言於王而遣②之。王後悔，使追之。孟嘗君至關。關法③：雞鳴而出客。時尚蚤④，追者將至，客有善為雞鳴者，野⑤雞聞之皆鳴。孟嘗君乃得脫歸。

——《資治通鑑．周紀三》

①藏：庫房。
②遣：放回。
③關法：守關的法令。
④蚤：古字通「早」。
⑤野：城外。

孟嘗君一位門客會像狗一樣穿越弄堂、房屋，他潛入秦宮庫房，偷出那襲狐白裘，拿去送給秦王愛姬。愛姬得了狐裘，在枕頭邊遊說秦昭王，秦昭王乃下令放孟嘗君回國，可是後來想想不對，再派人追趕。孟嘗君一行連夜向東奔逃，到函谷關時已經半夜，守關的法令規定，早晨雞鳴才准開關讓商旅進出。孟嘗君另一位門客會學雞鳴，他一啼，城外民家養的雞都一齊啼叫，守關吏於是開關放行。秦昭王派遣的追兵到達函谷關時，孟嘗君已經出關，脫離秦國勢力了。孟嘗君一回到齊國，立即被齊湣王任命為齊國宰相。

孟嘗君不但接受雞鳴狗盜之輩為門客，甚至接受毫無專長之徒。有個齊國人馮諼，沒有飯吃，向孟嘗君表示願意寄食門下。

孟嘗君問他：「你有什麼才能呢？」

馮諼說：「一無所能。」

孟嘗君聽了，笑笑，說：「好吧。」接納他為門下食客。

馮諼每天無所事事，卻一再抱怨「食無魚」、「出無車」。執事人員向老闆抱怨「家裡有一名奧客」，孟嘗君都指示滿足其需求。

終於有一次，孟嘗君問：「有誰能幫我去薛邑收地租嗎？」

馮諼應聲：「我能。」

孟嘗君不認識他，問左右：「那是誰啊？」

左右說：「就是那個奧客。」

孟嘗君笑著說：「原來他還是有本事的，是我不識人才啊！」於是鄭重託付馮諼去薛邑收租。

馮諼安排好車馬行裝，帶著薛邑的全部收租帳簿，出發前向孟嘗君辭行，問：「收完地租，要買什麼東西回來嗎？」

孟嘗君說：「你看家裡缺什麼，就買回來吧。」

馮諼直驅到達薛邑，要官吏召集老百姓前來核對收租帳簿，核對完畢，當著民眾的面，一把火將帳簿燒了——帳簿燒了，也就是今後的地租全免了，老百姓高喊「萬歲」！

馮諼隨即趕回臨淄，第二天早上就求見覆命。孟嘗君很詫異：「收完了嗎？怎麼那麼快！」

「收完啦。」

「買了什麼回來？」

馮諼說：「閣下要我『買家裡缺少的東西回來』，我想，家裡珠寶、美女、狗馬都不缺，只缺『義』，所以就幫閣下買了義回來。」

孟嘗君問：「義怎麼買？」

馮諼回答：「閣下擁有薛邑的土地和人民，卻不好好對待他們，只曉得收他們的地租。我把收租帳簿燒了，老百姓高呼萬歲，這就是我幫你買到的『義』。」

孟嘗君聽了，大不高興，口中卻仍然說：「算了，先生回去休息吧。」

【原典精華】

孟嘗君就國①於薛，未至百里，民扶老攜幼，迎君道中。孟嘗君顧謂馮諼：「先生所為文市義者，乃今日見之。」

馮諼曰：「狡兔有三窟，僅得免其死耳。今君有一窟，未得高枕而臥也。請為君復鑿二窟。」

孟嘗君予車五十乘，金五百斤，西遊於梁②，謂惠王曰：「齊放③其大臣孟嘗君於諸侯，諸侯先迎之者，富而兵強。」於是，梁王遣使者，黃金千斤，車百乘，往聘孟嘗君。馮諼先驅④誡孟嘗君曰：「齊其聞之矣。」梁使三反，孟嘗君固辭不往也。

齊王聞之，遣太傅齎⑤黃金千斤，文車二駟，服劍一，封書⑥謝孟嘗君曰：「願君顧先王之宗廟，姑反國統萬人⑦乎？」

馮諼誡孟嘗君曰：「願請先王之祭器，立宗廟於薛。」

廟成，還報孟嘗君曰：「三窟已就，君姑高枕為樂矣。」

孟嘗君為相數十年，無纖介之禍⑧者，馮諼之計也。

——《戰國策・齊策・馮諼客孟嘗君》

幾年後，齊湣王讓孟嘗君「回家吃自己」。孟嘗君回到薛邑，老百姓扶老攜幼夾道相迎，孟嘗君轉頭對馮諼說：「先生當年幫我買『義』，現在才看到了。」

馮諼說：「狡兔要有三窟才能免於災禍。薛邑只是閣下的一窟而已，還不能高枕而

①就國：大臣下台無俸祿，回到封邑食祿稱就國。
②大梁：魏國都城。
③放：本意為「放逐」，但對齊國以外諸侯有「釋出」之意。
④先驅：趕在梁王使者之前。
⑤齎：攜帶。
⑥封書：君對臣的書信，如敕、制、詔，皆宣而不封，封書表示「私函」，齊王對孟嘗君採低姿態。
⑦統萬人：比「請你當宰相」客氣且低姿態。
⑧纖：纖毛。介：通「芥」，芥菜子。纖介：形容非常細微。

臥，我自告奮勇再為閣下鑿兩窟。」

孟嘗君給馮諼馬車五十乘、黃金五百斤，去到大梁，遊說梁惠王：「齊王將孟嘗君開放給諸侯，諸侯哪個先聘請到孟嘗君，就能富國強兵。」於是梁惠王派出使者，帶著黃金一千斤、馬車一百乘，前往薛邑聘請孟嘗君。馮諼派人先將情報送達孟嘗君，提醒「如此陣仗，齊王肯定知道了」。結果，梁王使節去了三次，孟嘗君都推辭不就。

齊湣王聽說，趕緊派太傅帶著厚禮與私函，懇請孟嘗君回朝領導政府。馮諼再提醒孟嘗君：「你趁機請求將先王（齊宣王）的祭器拿到薛邑建立宗廟。」

等到宗廟完成，馮諼回報：「三窟已經完成，閣下可以高枕享樂了。」

上述故事出自《戰國策》，說孟嘗君擔任齊國宰相數十年而沒遭到任何災禍。但《史記》的記載不一樣：齊湣王後來變得驕縱，想要除去孟嘗君，孟嘗君於是跑到魏國去避禍，魏昭王請他當宰相。同時由於齊湣王惹毛了諸侯國，燕昭王研判復國的時機成熟，用樂毅為大將，聯合五國攻齊，魏國也參加。之後，齊湣王死，齊襄王繼位，田單復齊，孟嘗君回到薛邑「中立於諸侯」，齊襄王還刻意籠絡「薛公」，以免他聯合其他諸侯攻齊。

保命通鑑

靖郭君不在薛邑築城，就展現了從善如流，並且想通了「失去齊王信任，築城也沒用」——那位門客所言的道理正是「保命在政績，不在城牆」。

而孟嘗君養士三千，不拒雞鳴狗盜之徒，後來成為他得以逃出秦王虎口的救星。

馮諼的「狡兔三窟之策」更是保命的經典：第一重保障「薛邑的民心」，這跟前面「三家分晉」故事中，尹鐸將晉陽治理成為趙氏最堅固的根據地道理一致；第二重保障是利用梁惠王的動作，讓齊湣王顧慮「孟嘗君若去其他諸侯國當宰相，齊國的麻煩可大了」，但萬一齊王下狠心「不能用就除掉他」，還是不保險；於是再添附加險「薛邑有齊宣王的祭廟」，在那個祭祀宗廟至高無上的時代，薛邑有先王祭廟，比握有人質還保險。

馮諼事蹟並未被《資治通鑑》收容，想是由於司馬光不贊同「孟嘗君中立於諸侯」的立場，而本書既然講孟嘗君的「保命之道」，當然不能割捨「狡兔三窟」故事。

趙武靈王：脫離危境絕不遲疑

孟嘗君入秦的同一年（稍早），另一位大人物也入秦，也「奔馳脫關」，他是趙武靈王。

趙國側身戰國七雄，霸業就從趙武靈王開始，他推動了一項超級大改革「胡服騎射」，大大提升了趙國軍隊的戰力。兩年之內，攻取北方的中山、燕、代（今河北、山西北部），和西方雲中、九原（今內蒙境內）。他雄心未揖，想要自己帶兵從北邊進攻秦國，可是身為國君不宜遠征，於是讓位給兒子趙何（趙惠文王），自稱「主父」（國君稱「主」，主父就是國君之父）。

為了觀察關中地形，同時觀察秦王的資質如何，他假稱自己是趙王的使者，進入咸陽進見秦昭王。秦昭王當時即位雖不久，但他事實上是奠定秦國削平六國基礎的雄霸之主，他在接見「使者」之後，覺得怪怪的，那個使者的相貌氣質不凡，「非人臣之度」，於是命人追趕，趙武靈王卻已經脫關馳去（脫關，脫離秦國的邊境關城）。

趙武靈王是為了「識相」冒險進入咸陽，秦昭王則「識相」看出他不像作臣子的材料。而趙武靈王一旦目的已達，毫不遲疑，即刻奔馳離開秦國，則是「保命」功夫。

類似的故事，南北朝時，北魏掌權軍閥高歡（京城在洛陽）要拉攏鎮守關中的軍閥賀拔岳，賀拔岳的首席參謀宇文泰自動請求擔任使節，去洛陽觀察高歡是何等人物。

高歡見了宇文泰，大為驚奇，說：「這個年輕人，不同尋常。」打算將他留下來。宇文泰一再央求讓他回去覆命，高歡批准，可是隨後又反悔，派人乘驛馬（各驛站給換馬，意謂馬不停蹄）追趕，一直追到潼關，卻未能追上。

宇文泰後來擁護北魏孝武帝，跟高歡擁立的孝靜帝對抗。上述故事是主導北魏分裂雙雄的首次會面——同樣演出「識相」與「脫關」。

05. 私交凌駕國家利益——信陵君

戰國時期有四大公子：齊國孟嘗君、魏國信陵君、趙國平原君、楚國春申君，其中信陵君和平原君的故事得一起說。

之前說到趙國擔任縱約長，趙肅侯死後，合縱之約因為各國交戰而瓦解，但趙國國勢仍然強盛，趙武靈王進行「胡服」改革，使得趙國軍隊能夠「騎射」，而成為一世之雄。他死後，秦昭王用白起為大將，所向皆捷，東方六國幾無對抗之力——一直到長平之戰（古戰場在今山西高平市長平村），確定秦國必將一統天下之勢。

長平之戰的起因，可說是平原君惹來的禍。

平原君趙勝是趙武靈王最小的兒子，在兄弟中最能幹，從哥哥趙惠文王到姪兒趙孝成王時期都擔任宰相，門下賓客數千人，國際聲望不亞於孟嘗君，但也因此讓國君不放心，曾經三次下台又三次復位。

白起帶領的秦軍大舉攻擊韓國，切斷了戰略要地上黨（上黨的字面意思指山上的高地，上黨郡的郡治在今山西長治市）與韓國都城新鄭（今河南鄭州市）之間的交通。上黨守將馮亭跟將領們商議，指望韓國救援已經不可能，決定投降趙國，請趙國出兵救上黨。

趙孝成王徵詢當時宰相平陽君趙豹的意見，趙豹說：「這是禍不是福。」趙王再徵詢平原君的意見，平原君當時正好下台沒位子，一心想要表現，因此主張接受。於是，孝成王派平原君去上黨接收，此舉卻引來秦軍更激烈的攻擊。最終，上黨城被秦軍攻陷不說，更在長平一戰坑殺趙卒四十萬 —— 這是秦國削平六國的關鍵一役。

秦軍隨後包圍趙國都城邯鄲，平原君惹出來的禍事，平原君得收拾，他親自帶了一個使節團團赴楚國求援，楚國春申君說服楚王出兵。再向鄰近的魏國求援，魏安釐王派大將晉鄙領軍往邯鄲，可是又怕秦王遷怒，於是命令晉鄙在邊界停下來。平原君見苗頭不對，請夫人聯絡小舅子信陵君（平原君的夫人是信陵君的同母胞姊），希望信陵君說服魏王命令晉鄙進軍。

信陵君魏無忌是魏安釐王的異母弟，折節下交四方賢士，門下也有賓客三千人。他的國際聲望引起安釐王的猜疑，因此始終沒有將國政交付給他。

魏國有個隱士侯嬴，擔任大梁城夷門監（北門守門官員），信陵君聽說他的名聲，前往拜訪，想要羅致他為門下賓客，沒想到卻被拒絕了。

【原典精華】

公子置酒大會賓客，坐定，公子從車騎虛左①自迎侯生。侯生攝敝衣冠，直上載公子上坐不讓，公子執轡②愈恭。

侯生又謂公子曰：「臣有客在市屠③中，願枉車騎過之。」公子引車入市，侯生下見其客朱亥，睥睨④，故久立，與其客語，微察公子，公子色愈和；乃謝客就車，至公子家。

公子引侯生坐上坐，遍贊賓客，賓客皆驚。

——《資治通鑑．周紀五》

尊貴的信陵君被城門吏拒絕，卻不以為忤，反而親自駕車，空出車上的左邊上位，前往侯嬴的家請駕。侯嬴穿著破舊的衣服帽子，直上馬車，毫不客氣的居於上位，但見信陵君態度愈發恭敬。

上了車，侯嬴又對信陵君說：「我有個朋友在市場賣肉，可不可以順路經過時，讓我下車訪友一下？」信陵君駕車進入市場，侯嬴下車去拜訪好友朱亥。他跟朱亥談話時，斜著眼瞄信陵君的反應，只見信陵君臉色平和，非常有耐心的等在車上。回到信陵君宅邸，信陵君帶著侯嬴入席，尊他上坐，向賓客們介紹，賓客舉座皆驚。

及至平原君來求援，信陵君動員魏國的大臣、魏王的客卿、加上自己遊說魏安釐王都不成功，實在沒辦法了，只好帶著家中賓客，集結約數百乘兵車，準備前往邯鄲跟秦軍拚命，以示對姊夫平原君的義氣。

車隊經過大梁城北門，信陵君下車對侯嬴表示自己慷慨赴義的決心。侯嬴說：「公子加油，我年紀大了，不能陪你去了。」

信陵君出城數里，愈想愈不是滋味，轉回頭再去見侯嬴，問：「先生如此反應，難道

---

① 虛左：周禮左為上，信陵君自己站在馬車右邊，空出左邊位置。
② 轡：操控駕馬的韁繩。執轡：親自駕馬車。
③ 市：市場。市屠：市場裡賣肉的。
④ 睥睨：斜著眼看，有高傲或偷瞄雙重意思。

是我有什麼過失嗎？」

侯嬴笑著說：「我料到公子一定會回來。」於是屏退眾人，向信陵君獻策：魏王的兵符都收在他的臥室裡，而魏王最寵愛如姬，能隨時出入臥室。當初，如姬一心要報殺父之仇，甚至請安釐王下令追索她的仇人，仍三年不得。可是信陵君卻能發動門下賓客，幫如姬報了仇，如果信陵君開口，如姬肯定願意幫信陵君盜取兵符。信陵君一聽之下，如醍醐灌頂，趕緊去向如姬求助，而如姬果然幫他偷到了安釐王（命令晉鄙）的兵符。（古時候國君派大將出征，剖竹為二以為符信，兵符相合即等同王命。）

信陵君再度出發，又從北門出城，侯嬴再進言：「將在外，君命有所不受。晉鄙搞不好不肯接受符命，請公子帶我那個殺豬朋友朱亥同行，他有勇力，晉鄙如果不聽令，就交給他料理。」

信陵君去市場接了朱亥，再經過北門，侯嬴對他說：「我其實應該追隨同行的，可是年紀大了，反添累贅。我會計算公子到達前線的日期，屆時當自刎以為公子送行。」後來侯嬴果然自殺。

【原典精華】

公子過謝侯生。侯生曰：「臣宜從，老不能。請數①公子行日，以至晉鄙軍之日，北鄉②自剄③，以送公子。」公子與侯生決④，至軍，侯生果北鄉自剄。

——《資治通鑑．周紀五》

信陵君到了晉鄙軍中，晉鄙果然不肯交出兵權。朱亥在袖子裡預藏一個四十斤重的鐵椎，當場拿出來，一傢伙椎殺了晉鄙。信陵君接收軍隊，勒令軍中：「父子都在軍中的，父親回去；兄弟都在軍中的，哥哥回去；獨子沒有兄弟的，回家奉養父母。」最後精選八萬軍隊，向秦軍展開攻擊。秦軍此時已經圍攻邯鄲一年有餘，不能攻克，而各國援軍陸續到達，信陵君在邯鄲城外大破秦軍，秦將王齕解圍撤退。

信陵君盜符救趙，建立了超級戰功，國際聲望漲到頂點，可是卻不敢回去魏國，派大

①數：計算。
②鄉：同「向」。
③自剄：（以劍）自刎。
④決：訣。古時字少，決通訣。

將帶兵回國，自己留在趙國。趙孝成王和平原君（此時又擔任宰相）商議，要封五座城池給信陵君，可是信陵君不敢接受，說自己是待罪之身。最終，趙國還是以鄗城作為信陵君的食邑，而魏王也不敢得罪他，仍維持他信陵君的爵位。

就這樣，信陵君留在趙國十年。秦昭王不斷出兵攻魏，魏安釐王實在招架不住了，派出使節到趙國，請信陵君回國共赴國難。信陵君回到魏國，安釐王授與他上將軍印綬。信陵君以他個人的國際關係，號召趙、楚、韓、燕，率領五國聯軍大破秦軍於河外（從魏國的角度，黃河以南稱河外），秦軍大將蒙驁撤退。五國聯軍直扣函谷關，秦兵不敢出戰。各國將領的門客都獻出各自的兵法，集結成書，世稱《魏公子兵法》。

這場戰役是合縱諸侯聯軍攻打秦國的少數勝仗之一，因而成就了信陵君的國際與歷史地位。而那也是戰國時代對舊秩序的一次重大顛覆：信陵君與平原君固然是以個人的國際聲望與私交關係挽救了自己國家於滅亡邊緣，然而，私交凌駕於國家利益之上，使得周朝的封建制度更進一步崩解。

揣摩通鑑

後世讀史莫不推崇信陵君雍容大度、禮賢下士，能夠容忍侯嬴的傲慢無禮，因此嬴得士人的向心，也因為侯嬴的獻計（求助如姬盜符），並且推薦朱亥（椎殺晉鄙），方得建立絕世功業。

但如果我們逆思考一下，從侯嬴的角度來看，他為什麼要那麼做？他之前已經拒絕過信陵君一次，信陵君居然親自駕車來接，還讓出左邊上位，應該夠禮遇了，他也夠面子了，為什麼還要演出「讓信陵君在車上枯等」那個戲碼？是侯嬴真的傲慢、高姿態？或者他就是要試探信陵君有多少耐性？

應該都不是，而是侯嬴看透了信陵君：從信陵君親自駕車來迎接那一刻，侯嬴就看出「信陵君要借我沽名釣譽」，所以他主導演出那一幕——當信陵君驅車進入市場，大梁城有一半人親眼看見信陵君禮賢下士，第二天肯定會傳遍大梁城。試想，那一刻的信陵君心裡有多期待啊！

這不是否定信陵君的大度能容，反而更加肯定他——古往今來能有幾個信陵君？但是我們因此對侯嬴更加佩服——傳統讀史只是欽佩他信守諾言自殺以謝信陵君，如魏徵的詩句「**季布無二諾，侯嬴重一言**」，王昌齡的詩句「**曾為大梁客，不負信陵恩**」。但事實上，信陵君對侯嬴又有什麼恩情，值得他自殺以謝呢？反而是侯嬴能夠看透信陵君要的是什麼，用心的讓信陵君好好「秀」了一下，後來更獻策讓他建立奇功，而能名留青史，這才是侯嬴給信陵君最大的回報！

張耳：妙計救陳餘卻成為死敵

秦末逐鹿群雄當中，有一對原本是生死之交，後來卻變成不共戴天的仇人：張耳和陳餘。

張耳年輕時，曾經是魏國信陵君門下賓客，陳餘也是魏國人，兩人交往好到可以共生死，互相承諾為「刎頸之交」。

秦滅魏數年之後，聽聞張耳、陳餘是魏國「餘孽」中的傑出份子，懸賞捉拿二人：張耳一千金，陳餘五百金。兩人乃改名換姓，一同逃到了陳郡，在城內擔任里門守衛員。

有一次，里長經過里門，不知什麼原因，拿鞭子抽了陳餘。陳餘想要跳起來反抗，張耳踩他腳後跟，暗示他忍耐。等里長走了，張耳將陳餘帶到城外桑樹下，四下無人，疾言厲色的教訓他：「我之前是怎麼教你的？你現在遭遇這麼一點小小的屈辱，難道就甘願為一個小吏而死嗎？」對於秦政府搜捕他倆的行動未停止，張耳想出一計：利用里門守衛身分，每天挨家挨戶去「搜查通緝犯」，因而沒有人懷疑他倆。

陳勝、吳廣揭竿起義，他倆加入起義陣營，可是看破陳勝不是取天下的材料，不想留在陳郡坐等敗亡，於是當陳勝派武信君武臣北略趙地，就加入了北伐軍團，並且鼓動武臣自稱趙王，封陳餘為大將軍、張耳為右丞相。

後來秦將章邯東征，將趙王圍困在鉅鹿，張耳在圍城內，陳餘在外招募了數萬義軍，張耳數度派人穿越包圍線，去向陳餘求救，陳餘派了五千人作試探性的進攻，結果全軍覆沒，於是不再出兵。及至項羽擊敗章邯（著名的鉅鹿之戰），兩人見面翻臉，從此分道揚鑣。

楚漢對峙時，張耳在劉邦陣營，陳餘是趙國宰相，劉邦派人聯絡趙國，陳餘對使節說：「漢王殺張耳，趙國就出兵。」劉邦不願殺張耳，就殺了一個相貌酷似張耳的人，將腦袋送去趙國，但後來被陳餘發現是假的，同盟於是破裂。最後劉邦派韓信東征，滅了趙國，陳餘陣亡。

06. 從權力頂峰急流勇退——范睢

前章提到秦昭王用白起為大將，對東方諸侯征戰所向披靡。事實上，秦國後來能夠一統天下，是秦昭王打下的堅實基礎，秦王政收割了那個成果。而秦昭王的霸業要論功勞的話，武將當推白起，謀臣則有魏冉與范睢。

秦昭王嬴稷是秦武王的異母弟，秦武王力氣很大，跟大力士比舉鼎，結果小腿骨折斷被鼎壓死。由於他沒有兒子（死時二十三歲），因此幾個弟弟爭奪王位。嬴稷的母親是楚國的公主羋八子（也就是連續劇那個女主角羋月），她很有手腕，爭取到趙王的支持，讓原本在燕國作人質的兒子嬴稷回國即位，成為秦昭王（十九歲）。羋八子成為宣太后，用長弟穰侯魏冉為宰相，其他幾個弟弟華陽君、高陵君、涇陽君同時掌權，也就是說，秦昭王即位前期其實是母親和舅舅們實質執政。

魏冉能幹有韜略，且能舉賢任能，名將白起就是他舉薦的。魏冉與白起聯手之下，連續攻擊韓、魏、趙、楚，秦國的版圖擴增一倍不止。但秦昭王本人有自己的雄心，在位三十六年，年齡已經五十五歲，卻仍籠罩在母親和舅舅的「庇蔭」之下，不免鬱卒。就在此時，出現了范睢，而魏冉又剛好做了一個錯誤決策，局面一夕轉變。

范睢是魏國人，投在魏國大夫須賈門下。魏昭王派須賈出使齊國，范睢隨行，詎料使節團到了臨淄，卻好幾個月不獲齊襄王接見。反而齊襄王聽說范睢的辯才很高，派人致送黃金十斤以及牛肉、美酒，范睢辭謝不敢接受。須賈知道這事，大怒，認定是范睢洩漏魏國情報給齊國，才得到這些餽贈，命令范睢收下牛肉和酒，退回黃金。

回到魏國，須賈把使節團任務失敗的責任全部推給范睢，魏國宰相魏齊大怒，派人鞭笞范睢，打斷了范睢的肋骨和牙齒，范睢裝死，行刑者拿草蓆將他捲一捲，丟在廁所裡。有門客酒醉上廁所，還故意溺在草蓆上，大聲嚷嚷：「看以後還有沒有人敢亂說話洩密！」

等到夜闌人靜，范睢對看守的人說：「你如果幫我逃出去，我一定重重答謝你。」看守者請示要丟棄草蓆裡的死人，魏齊喝醉了，隨口答應「可以」，於是范睢逃出相府。魏齊酒醒後，派人去找范睢，已經找不到了，下令通緝。

范睢改名張祿，窩藏在朋友鄭安平家中。當時秦國使者王稽正在大梁，鄭安平偽裝成侍者，向王稽推薦「張祿」，趁夜入見，王稽驚為奇才，要范睢在魏國邊境等候，將他帶回秦國。

秦昭王起初並未特別重視王稽的推薦，「張祿」在咸陽一年多不得入見，於是上書說，「如果接見一次而不中大王之意，願意接受斧質之刑（斬首）」，於是秦昭王叫王稽帶「張祿」到離宮覲見。（為免錯亂，以後皆稱本名范睢。）

范睢人已經進了離宮的長巷，卻假裝不知道自己身在宮中。昭王到達，前導宦官趕他：「大王來了，走開！」

范睢大聲說：「什麼大王？秦國只有太后、穰侯而已！」聲音大到讓昭王聽見，於是遣開左右，延請范睢入室，兩人跪坐在蓆上相談。

昭王問：「先生有什麼可以教導寡人？」

范睢欲言又止，昭王再問，還是欲言又止，到了第三次，昭王說：「閣下真的不肯教導寡人嗎？」

於是范睢暢言：「我豈敢如此，只因為我僅是個流亡客，跟大王沒有深厚認識，雖然要說的都是對大王非常有幫助的意見，但是卻夾在人家的骨肉之間，我願竭盡愚忠，卻不明白大王心意如何，所以不敢回答。我明知今天進言，可能明天就被誅殺，但是我不敢迴避，人生終有一死，只要死而有利於秦國，也心甘情願。怕的是，我的死卻讓天下的人才從此裹足不來秦國了。」

【原典精華】

王微聞①其言，乃屏左右，跽②而請曰：「先生何以幸教寡人？」

對曰：「唯唯③。」如是者三。

王曰：「先生卒不幸教寡人邪？」

范睢曰：「非敢然也！臣，羈旅④之臣也，交疏於王；而所願陳者皆匡⑤君之事。處人骨肉之間，願效愚忠而未知王之心也，此所以王三問而不敢對者也。臣知今日言之於前，明日伏誅於後，然臣不敢避也。且死者，人之所必不免也，苟可以少有

①微聞：隱約聽到。（范睢大聲嚷嚷才能讓昭王遠遠聽見。）
②跽：跪坐。古人席地而坐，微側身，有別於日本人在榻榻米上的跪坐姿。
③唯唯：嘴唇微動，欲言又止。
④羈：寄。羈旅：客居異鄉。
⑤匡：襄助。

補⑥於秦而死，此臣之所大願也。獨恐臣死之後，天下杜口裹足⑦，莫肯鄉⑧秦耳！」

——《資治通鑑．周紀五》

揣摩通鑑

范雎沒有商鞅那樣的運氣。商鞅可以試探秦孝公到第四次才成功，經過八十幾年，歷代秦王接見過的遊說之士恐怕不下數幾百人，不可能像秦孝公那樣有耐心，甚至完全不給那些口舌之士有第二次機會。

范雎清楚這一點，所以採取了非常刺激的開場白（**秦國只有太后跟穰侯，哪有秦王！**），等到看出秦昭王確實被那一句話「電到」了，又故意吊胃口（**三次唯唯**），讓昭王相信，眼前這個人真的有辦法，而且忠心為我排除母后跟舅舅的束縛。

那番對話之後，范雎乃勇敢直言：「以秦國的強大，對付東方諸侯根本可以說是獅子搏兔，可是函谷關卻關閉十五年，不敢東向，就是因為穰侯的戰略錯誤啊！」

昭王要范雎指出戰略的得失在哪裡，范雎指出，秦軍雖然戰無不勝，可是大軍遠征得勝後班師，土地卻常常得而復失，無法累積勝利的成果。他於是提出「遠交近攻」的大戰略，不再遠距離出兵，如此乃能「得尺土、寸土悉歸秦國」。秦昭王大喜，任命范雎為客卿，主導軍事。

范雎漸漸得到信任，終於等到時機成熟，他對秦昭王說：「我以前在魏國時，只聽說齊國有孟嘗君，沒聽說有齊王；聽說秦國有太后、穰侯，沒聽說有秦王。如今，太后擅自發佈命令、穰侯派出使節卻不報告、華陽君、涇陽君、高陵君橫行無忌，眼中完全沒有大王。如今秦國上下包括官吏甚至大王的左右，莫不是穰侯的黨羽。我每次想到大王孤立於朝，總不免為大王憂慮，一旦你去世，主宰秦國的恐怕不是你的子孫。」

這番話赤裸裸的挑明：包括宣太后、穰侯與他們的兄弟都是楚國人！

於是秦昭王下令，禁止太后過問政事，將穰侯、華陽君、涇陽君、高陵君放逐到關外，任命范雎為丞相，封應侯。

復仇之神此時更眷顧范雎：魏王派須賈出使秦國。范雎穿著破舊衣服到賓館拜訪須

⑥少：通「稍」。補：助。少有補：稍微有所助益（謙虛的說法）。
⑦杜口裹足：閉嘴不說，止步不前。
⑧鄉：通「向」。

賈，須賈驚訝：「范叔，你竟然還活著啊！」留他在賓館吃飯，臨別還送他一件絲棉袍。

須賈問范睢：「秦國丞相張先生，你可有門路幫我引見嗎？」

范睢聞言，自願擔任須賈的車伕，一同到丞相府。他對須賈說：「我進去找朋友，幫你引見丞相。」

須賈在外面等了又等，就去門房詢問。

門房說：「我不認識什麼范睢。剛才進來，身穿破衣服，手拿絲棉袍的是我們丞相，他名叫張祿。」

須賈聞言，如遭五雷轟頂，即刻「膝行」求見謝罪。

范睢接見他，說：「你得以不死，就因為這一件絲棉袍，還有點故人舊情。」

范睢於是大宴賓客，教須賈居於下座，放一個馬槽在他前面，命他吃馬食。然後放他回國，說：「告訴魏王，馬上把魏齊的人頭送來，否則我攻下大梁後屠城！」

須賈回去，告訴魏齊，魏齊嚇死了，逃到趙國，依附平原君，最終仍走投無路，只得自殺。范睢並推薦王稽擔任河東太守，准他三年不受考核（任他聚斂不追究）；鄭安平為將軍；毫不吝惜的報答當初幫助過他的人——《史記》說他「一飯之德必償，睚眦之怨必報」。

范睢擔任秦國宰相，最重要的建樹就是施展反間記，讓趙王臨陣換將，用趙括取代廉頗，秦軍因此而能在長平之戰大勝，並坑殺趙卒四十萬，那是結束戰國的關鍵一役，從此東方諸侯只能任由秦國蠶食鯨吞。由於他受到秦昭王的高度信任，因此當鄭安平、王稽犯法，依照秦國法律，范睢應該連坐，卻都能夠豁免。

這時，一位燕國遊說之客來到咸陽。他得知應侯范睢的處境，請人先到范睢前面放話：「有一位雄辯之士燕人蔡澤來到咸陽，如果讓他見到秦王，恐怕會危及閣下的地位。」

應侯說：「五帝三代以來的事情，諸子百家的學說我都知道，再厲害的辯才，我都能當場折服他，那傢伙怎能奪取我的位子？」

他派人把蔡澤叫來，說：「聽說你揚言要取代我的位子，是嗎？」

蔡澤說：「沒錯。」

應侯說：「你有什麼本事？說說看！」

蔡澤跟范睢一番舌戰，主要論點是：范睢對國君的功勞，不及商鞅之於秦孝公、吳起之於楚悼王、文種之於越王句踐，而秦昭王對待忠臣故舊，卻遠不如秦孝公、楚悼王、越王句踐，但范睢的祿位、財富卻超過商鞅、吳起、文種，如果不急流勇退，恐怕災禍會超過那三人。（商鞅被車裂、吳起死於亂箭之下、文種被賜給寶劍自刎。）

范睢聽完，延請蔡澤上座。過幾天，入朝覲見秦昭王，鄭重推薦蔡澤，自認不如。秦昭王召見蔡澤，相談甚歡，請他擔任客卿。應侯順勢請求歸還相印，昭王強力慰留，但應侯堅稱自己病篤，於是范睢免相，蔡澤接替他為丞相。

蔡澤擔任丞相才三個月，就告病歸還相印，封為綱成君。歸還相印之後不久，「病」就痊癒了，從秦昭王、孝文王、莊襄王到秦始皇，蔡澤都在朝為官。

識相通鑑

蔡澤對范睢的策略，當然可以歸入「揣摩通鑑」，因為他看透了范睢的心。范睢既然是一個「**一飯之德必償，睚眦之怨必報**」的性格，又是一個會見縫插針的高手（看他如何排除穰侯魏冉），應該容不下蔡澤這種前來踢館的遊說之士。但是范睢當時的心情，由於鄭安平與王稽的事情而戒慎恐懼，他掌權多年必然樹敵無數，因此不敢隨便放掉權力——蔡澤充分利用了范睢這樣的矛盾心理。

蔡澤同時也正確研判，范睢會推薦他這個「秦國朝廷素人」接替丞相之位，那樣才能確保下台後不被秋後算帳——因為他當了太久的丞相，權力集中自己，卻並未厚植黨羽，堪稱滿朝皆政敵，蔡澤接任丞相，正可以作為自己急流勇退後的緩衝。蔡澤這種準確眼光，就是本書的「識相」定義。

而蔡澤幹三個月丞相就請辭，實非普通人可比。他明確的知道自己在秦國朝廷「舉目無親」，肯定鬥不過既有的派系，而自己沒有商鞅、范睢奪權、鬥爭本事，交出相印是保全自己的唯一之途——這就是一般俗稱的「識相」了。

07. 逃過虎口成為漢朝儒宗——叔孫通

大家都知道，漢武帝獨尊儒術使得儒家成為中國數千年來的學術主流，但很少人曉得，經過秦始皇焚書坑儒之後，儒家得以在漢朝「復興」，有一個關鍵人物叔孫通。

叔孫通老家在薛，也就是孟嘗君的封邑。他在秦二世時受徵召去咸陽擔任待詔博士——只能在受到召喚時才得上朝的顧問。

陳勝、吳廣揭竿起義，消息報到咸陽，秦二世召集這些待詔，問：「楚地戍卒攻打縣城，各位有何看法？」

一下子，三十幾個待詔搶著發言：「老百姓怎麼可以造反！當然殺無赦，請陛下即刻發兵擊滅他們。」

沒想到，秦二世聽到這些表態言論，當場變臉，眼看要發怒。

叔孫通上前，說：「他們都錯了！天下既然已經統一，城郭都夷平了，兵器也都銷融了，表示天下已經不再有戰爭，哪裡還會有人造反？那些傢伙不過是一群鼠竊狗盜而已，不值得為他們多費唇舌。我相信郡縣的守、尉現在已經將他們繩之以法了，有什麼好憂慮的？」

秦二世聞言，大聲說讚，然後一個一個問這些待詔的看法，這些書呆子有的說是「造反」，有的說是「盜賊」。問完，秦二世下令給御史，凡是認為「造反」的通通下獄，說是「盜賊」的通通沒事。獨獨賞賜叔孫通二十匹絹帛，更升官一等為博士（不必待詔就可以躋身朝廷）。

叔孫通出了宮，回到宿舍，同儕都責備他：「你怎麼講那種諂媚的話？」叔孫通說：「各位不瞭解，我也幾乎不能脫出虎口啊！」後來他放棄了博士官祿，離開咸陽。

保命通鑑

皇帝問臣子「該怎麼對付造反」時，最常看見的就是義憤填膺式的表態以示忠心。而當秦二世變臉時，叔孫通即刻瞭解「老闆不愛聽這個」，他能夠趨前進言，讓秦二世沒有爆發，其實是救了大夥一命，也就是他所謂「差點不能脫出虎口」的意思。但是，仍然有那些堅持「亂民就是造反」的呆子，因為腦筋轉不過來而倒大楣。

一旦脫離了虎口，他毫不戀棧咸陽的「事少錢多責任輕」博士官祿，更是保命重要原則：脫離危險不能猶豫觀望。

離開咸陽，叔孫通回到家鄉薛城，投靠項梁麾下。之後項梁在定陶陣亡，他又投到楚懷王陣營。後來的大局發展是，劉邦進咸陽、秦亡；項羽進咸陽，大封諸侯，尊楚懷王為義帝，卻將他流放並殺害。叔孫通沒有跟隨義帝，留在彭城，成為項羽的幕僚；漢王劉邦攻下關中，為義帝舉喪，聯合諸侯攻進彭城，叔孫通投降劉邦；可是項羽回軍將劉邦擊潰時，叔孫通卻跟著劉邦向西逃命，以後就一直在漢陣營。可是劉邦不喜歡叔孫通，因為叔孫通老是穿著儒服（長衫），為此，叔孫通改穿楚地服裝（上身短衣），劉邦才改變對他的印象。

跳槽通鑑

叔孫通作為儒者，堪稱是孔子「沽之哉！沽之哉！我待賈者也。」的忠實信徒：應秦朝的召，當然是想要入仕成就一番事業，可是當他發現秦二世連實話都不願聽，那個帝國不垮也難，大廈將傾，能走盡快走；之後的老闆項梁、楚懷王、項羽都是他能夠搭上線的實力人物。

可是在彭城之戰後，仍然追隨劉邦，就不一樣了：劉邦當時從五十餘萬聯軍盟主被項羽三萬軍隊擊潰，如喪家之犬，沒有地盤、沒有軍隊，更是百分之百的輸家模樣，全天下都不看好漢王，唯獨叔孫通緊緊跟著——不能不說他眼光獨到。

這種眼光正是「跳槽者」最需要的才能，套用到現代職場，就是求職者固然偏好「事少錢多離家近」，可是公司的前景和公司領導人的才具，更是想要成就一番事業的人應該注重的。

而叔孫通的借鏡更高一層：看準了、跟對了，就不再跳槽，老闆、公司遇到一時的挫折，必須堅持「共患難」，老闆如果不喜歡你哪一點（如叔孫通穿長衫），能改變就要改變，這個不能堅持。

當時追隨叔孫通的儒家弟子有百餘人，可是叔孫通從來不推薦儒生，反而會推薦一些好勇鬥狠的角色。弟子們向他發出怨言，他說：「漢王正在打天下，你們能上戰場嗎？耐心等，我不會忘記你們的。」

等到劉邦擊敗項羽，得了天下。那些有功勞的將領，期待分封賞賜，飲酒爭功，喝醉了大聲嚷嚷，甚至動不動拔劍砍柱子。劉邦當然不喜歡這種場面，可是那些都是「長征老幹部」，只能將厭惡之情掩藏在心裡。

叔孫通揣摩出劉邦的想法，於是上奏：「儒家學者雖然不能幫助打天下，但是可以幫忙安定政權。我願前往魯城（今山東曲阜市），徵召儒家學者專家，跟我的學生一同制訂朝廷禮儀。」

劉邦問：「會不會很難做？」

叔孫通說：「所謂禮節，應該隨時代、社會進步而制訂，我會依據古禮的精神，參考秦代的禮儀，綜合制訂符合時代需要的典章制度。」

劉邦說：「那就請試試看，要簡單明瞭，太難的我可做不來。」

叔孫通到了魯城，遴選儒家學者三十餘人，其中有兩人不願同行，還當面吐嘈叔孫通。

【原典精華】

魯有兩生不肯行，曰：「公所事者且①十主，皆面諛②以得親貴。今天下初定，死者未葬，傷者未起，又欲起③禮、樂。禮、樂所由起，積德百年而後可興也。吾不忍為公所為。公去矣，無污④我！」

叔孫通笑曰：「若⑤真鄙⑥儒也，不知時變⑦。」

——《資治通鑑．漢紀二》

那兩個儒生說：「你老兄服侍過的老闆將近十人（意指缺乏忠誠度，實際數字是七位），都是靠拍馬屁獵取官祿。當前大亂初定，死者尚未安葬、傷者尚未復原，你就想要

①且：幾乎。
②面諛：當面阿諛奉承。
③起：建立。
④污：侮辱。
⑤若：你。
⑥鄙：見識淺陋。
⑦時變：時代不斷在變。

制訂禮儀樂章了。禮樂制度是何等大事？必須百年教化然後可以建立，我不願意參與你的鬧劇，你走吧，別侮辱我了！」

叔孫通回嗆：「你們真是腐儒啊，不懂得與時俱進。」

叔孫通帶著三十餘位儒家學者回到長安（漢朝將咸陽改名長安），邀請朝臣中的學養之士，加上自己的學生共一百多人，在郊外搭帳棚演練。一個多月後，先請劉邦驗收，劉邦看了各種動作，說：「這個我做得來。」下令朝臣練習。

等到長樂宮興建完成，諸侯朝臣一同入宮祝賀，眾臣按部就班後，宦官傳臚，皇帝才進入宮殿。所有人屏息靜氣，等到儀式完成，沒有人敢喧嘩。劉邦說：「我到今天才知道當皇帝的尊貴！」擢升叔孫通為太常（掌宗廟禮儀），賜金五百斤。

這時候，叔孫通順勢進言：「諸弟子追隨我很久，希望能讓他們跟我一同參與制訂禮儀的工作，請陛下賜給他們官職。」劉邦通通授與官職。

叔孫通後來官至太子太傅，到達文官最高等級。劉邦一度想要更換太子，叔孫通進諫：「古時候，晉獻公廢太子申生立奚齊，造成晉國內亂數十年；現代，秦始皇不早立扶蘇為太子，致使趙高得以詐立胡亥（秦二世）；尤其後者是陛下親眼看見的。如果陛下真的要更易太子，我甘願接受誅殺，以我頸子的血，污染陛下宮殿的地。」

劉邦說：「先生不必再說了，我是開玩笑的。」

叔孫通說：「太子是帝位接班人，是天下安定之本，一旦動搖，天下震動。怎麼可以拿天下開玩笑？」

劉邦說：「好了，好了！我聽你的就是了。」後來靠著張良的計策，太子保住地位，並繼位為漢惠帝。

司馬遷在《史記》裡評論叔孫通：能夠體認度量時勢，跟隨時勢變化，終於成為漢朝儒家的宗師，稱得上「道固委蛇」——能夠堅持事理，但行事方法總能夠曲線進行，因此而提高了成功率。

回想劉邦在打天下時，如果叔孫通老是碎碎念一些儒家道理，恐怕早就被掃地出門了。而他能在官居太子太傅時，以死強諫，並且讓劉邦暫時不提廢太子，不辜負孔子說的：「可與言而不與之言，失人；不可與言而與之言，失言。智者不失人，亦不失言。」面對秦二世能不說，面對劉邦能直說，叔孫通稱得上是智者。

沒嘴、沒耳，才能保命

秦始皇死，趙高和李斯擁立秦二世，趙高再鬥垮李斯獨攬政權，更演出「指鹿為馬」戲碼架空秦二世。秦二世不愛聽「東方盜賊」的消息，因此朝廷上完全不談，可是當陳勝派出的遠征軍打到了函谷關，紙包不住火了，秦二世派人去責問趙高，這下趙高怕了，跟他的女婿閻樂和弟弟趙成密謀，發動武裝政變，廢秦二世，改立子嬰（姓嬴名嬰，秦二世的姪兒）。

閻樂當時是咸陽縣令，他帶兵攻進望夷宮，斬殺衛兵司令，一路殺進宮中，凡抵抗者一律殺死，共殺了數十位宦官。

望夷宮中惶懼不安，宦官都逃光了。秦二世拉住身旁僅剩的一個宦者問：「你為什麼不早點告訴我？」

那個宦官說：「我就是因為不說，才沒被殺啊。如果我早說，哪還能活到今天？」

另一個異曲同工的故事：

楊廣還不是太子時，他的重要幕僚張衡（與東漢那位偉大的科學家同名）向他建議，供應美女給太子楊勇，讓母親獨孤皇后厭惡楊勇，要隋文帝楊堅改立楊廣為太子。後來，張衡又導演了隋文帝暴斃（史書強烈導向楊廣弒父），楊廣繼位為隋煬帝。

隋煬帝雖然重重獎賞了張衡，心裡卻始終對他懷著疙瘩，於是藉故將他削除官籍貶回故鄉，還不時派人前往探聽張衡的言行舉止。隋煬帝東征高句麗失敗回來，聽說張衡仍然心懷怨恨，詆毀朝廷，於是下詔要張衡在家自殺。

張衡臨死，高聲悲號：「我替人家做了什麼事情，難道還冀望長久活命！」嚇得監斬官緊緊摀住耳朵，催促劊子手趕快動手。（詔命是自殺，但如果張衡不肯自殺，就由人代行。）

秦宮的宦者因為不說而得活命，隋朝的監斬官因為不聽而得活命。

08. 逃過劉邦誅殺功臣——蕭何、張良

漢高祖劉邦得了天下之後，自己評論「何以項羽敗而我勝」，認為是他能夠任用蕭何、張良、韓信；論功行賞更以蕭何為第一；可是他不久之後就誅殺韓信、彭越等功臣。

韓信受誅後，劉邦拜蕭何為相國，加給封邑五千戶，加派五百人護衛相國府。一時間，長安城裡高官達人紛紛向蕭何道賀，只有一個烏鴉嘴向他致弔。那個烏鴉嘴名叫召平，是前朝貴族（秦朝東陵侯），在長安種瓜為生，但顯然還在改朝換代後的京城上流社會走動。

他對蕭何說：「閣下的災禍自此開始了。皇帝在外打仗，而閣下守衛京師，既沒有戰功，卻仍加官加封邑加衛士，你以為加派衛士是恩寵嗎？是防衛你啊！建議你推辭加封的食邑，並且捐出私人財產幫助軍費，以消除皇帝猜忌之心。」蕭何採納這項建議，果然劉

邦大喜。

之後淮南王英布起兵造反，劉邦親自帶兵往征，不斷派出使者回長安，詢問「相國都在做些什麼」。又有門客對蕭何說：「閣下滅族之日不久了！你位居相國，又是開國第一功臣，還能增加什麼官銜或勳爵嗎？而你在關中十餘年，深得民心，皇帝之所以不斷探詢你在幹嘛，就是怕你在關中『蠢動』啊！閣下何不考慮買房地、放高利貸，自己搞壞名聲呢？那樣，皇帝就安心了。」蕭何採納這個建議，果然，劉邦得到報告，龍心大悅。

劉邦擊破英布，凱旋途中經過故鄉沛縣（今江蘇徐州市內），集合故鄉子弟飲酒，唱〈大風歌〉，最末一句歌詞「安得猛士兮守四方」，透露出他對帝國安穩的憂慮。回到長安，有民眾攔路上書，指控「相國以賤價強買民宅數千萬錢」。等到蕭何進謁時，劉邦將老百姓的陳情書丟給蕭何，笑著說：「相國居然跟老百姓爭利嗎？你自己去跟老百姓解釋。」

此時蕭何上奏：「長安地狹人多，上林苑（皇帝的林園兼圍獵場，佔地縱橫兩百四十餘里，大約台灣大安溪以北面積）卻有很多空地，十分可惜，請求撥付給農民種田，官員也不必再去割草餵禽獸。」

劉邦聞言大怒，「相國收受商人賄賂，竟然打主意到我的頭上！」當場下令廷尉（九卿之一，掌刑辟之事）將蕭何套上刑枷收繫。

幾天後，衛尉（掌管未央宮警衛，等同總統侍衛長）王將軍進言：「相國犯了什麼大罪，陛下要如此緊急將他繫捕下獄？」

劉邦說：「從前李斯擔任秦朝宰相，將好事歸功皇帝，壞事歸咎自己。蕭何收受奸商財貨，居然貪圖我的林園，去討好人民，所以要懲罰他。」

王將軍說：「基於職責為老百姓請命，那才是真正的宰相，陛下怎麼懷疑他收賄呢？回想陛下跟項羽抗戰那麼多年，加上御駕親征陳豨、英布叛變的時候，都是蕭相國鎮守關中，那時候他若是稍有動搖，關中就不是陛下的了。蕭相國那個時候不圖謀大利，難道現在才來貪圖小利？再說，秦朝正是因為拒絕聽到過失才丟掉天下，李斯那種作風又何足效法！陛下可把相國看得太淺了。」

劉邦聽了當然不爽，可是仍然當天就派出使節去廷尉（單位名，有審訊和羈押功能），釋放蕭何。蕭何赤著腳入宮謝罪，劉邦說：「算了，算了！相國為民請求上林苑土地，我不准的話，我就成為跟桀紂一樣的君主，而相國反而成為賢明宰相。我是故意下令繫捕你，讓百姓知道我的過失啊！」

【原典精華】

相國何以長安地狹，上林中多空地，棄①；願令民得入田，毋收藁②，為禽獸食。上大怒曰：「相國多受賈人財物，乃為請吾苑！」下相國廷尉，械系③之。

※　※　※

王衛尉曰：「夫職事苟有便於民而請之，真宰相事；陛下奈何乃疑相國受賈人錢乎？且陛下距④楚數歲，陳豨、黥布⑤反，陛下自將⑥而往；當是時，相國守關中，關中搖足⑦，則關以西⑧非陛下有也！相國不以此時為利，今乃利賈人之金乎？且秦以不聞其過亡天下；李斯之分過⑨，又何足法哉！陛下何疑宰相之淺也！」帝不懌⑩。

①棄：形同棄置。
②藁：此處泛稱餵食動物的草。
③系：同「繫」，收押。械系：戴上刑具收押。
④距：抵抗。
⑤黥布：即英布，因早年坐罪受黥刑，故稱黥布。
⑥自將：親自擔任大將。
⑦搖足：喻立場動搖。
⑧關以西：函谷關以西，指關中地區。

是日，使使持節⑪赦出相國。……帝曰：「相國休矣！相國為民請苑，吾不許，我不過為桀、紂王，而相國為賢相。吾故系相國，欲令百姓聞吾過也。」

——《資治通鑑．漢紀四》

保命通鑑

看完故事，多數人都會認為是王將軍救了蕭何，是嗎？

再看一遍，史書記載的是劉邦「不懌」，沒說他後悔或頓時醒悟。那麼，劉邦後來的髮夾彎動作（高規格赦免蕭何），必有一個心理轉折點。

當皇帝是不能輕易認錯的，因為皇帝認錯會傷害到皇帝的至高權威。因此，那個轉折點必定是能夠在不傷及皇帝權威的條件下赦免蕭何，也就是那個「我是故意下令將你收押，讓百姓知道我的過失」的說法，能讓蕭何無罪，同時彰顯皇帝英明。

這個說法有可能是劉邦自己想出來的，但更可能是張良幫他想出來的。

在劉邦打天下階段，張良扮演的是最高軍事參謀，劉邦稱讚他「運籌帷幄之中，決勝千里之外」，但做為一個參謀，張良更高明的是能讓劉邦打消原本決策，包括原本打算封六國的後人為王，印璽都刻好了，經過張良一番分析（藉箸代籌典故）之後，銷毀了那批印璽；以及在楚漢「畫鴻溝為界」合約之後，勸劉邦背信毀約追擊項羽等。這不是普通本事，是高級功夫，每次說服點都不一樣，可是必要條件都是「給老闆一個說法」，讓老闆能夠不傷顏面的改變決策。而劉邦在缺乏說法時，最可能向張良諮詢，因此推測這回也是張良提供的說法。

本章故事包括英布造反、劉邦親征負傷、返程在故鄉唱〈大風歌〉、對蕭何起疑心等，都在同一年間發生，那是劉邦心理轉變最快的一年。

由於負傷，使得劉邦對接班人問題充滿焦慮。情況是太子劉盈個性闇弱，劉邦擔心他撐不起帝國重任，而當時受寵的戚夫人生子劉如意性情聰慧，劉邦一直想要廢掉劉盈，改立劉如意。

⑨分過：幫老闆承擔過失。
⑩懌：音「易」，心頭愉悅。不懌：不爽。
⑪使持節：古時皇帝派出使節分三個等級，由下往上依次為假節、持節、使持節。劉邦派人使持節赦出蕭何，以示鄭重。

劉盈的生母呂后為此焦急，求助於張良。張良說：「從前在戰事危急之中，皇上肯用我的計策，如今天下安定，皇上喜歡哪一個兒子，那不是我們做臣子所能影響的。」可是禁不住呂后苦苦逼求，張良建議「以厚禮請出商山四皓」，經常陪同太子身邊。商山四皓是四位德高望重的銀髮老先生，由於劉邦對待知識份子常常態度傲慢，因此始終不答應出仕。而呂后的誠意（厚禮是「誠意」的必要條件）打動了四位老人，來到宮中，長伴太子身旁。

有一天，劉邦看到太子後面站了四位銀髮老人，很詫異，一問才知是他自己請不到的商山四皓。四人向皇帝行禮稱頌後，隨太子退下，劉邦目送他們離去，招來戚夫人，說：「我雖然想要更易太子，可是太子有了那四位賢者輔佐，羽翼已成，換不了了。呂后將成為妳的主子了！」（劉邦駕崩後，劉盈即位為漢惠帝，呂后弄權，殘酷處理戚夫人，故事不贅。）

識相通鑑

又一次，張良幫劉邦找到了說法。

劉邦如果真的非要換太子不可，相信沒有人能勸得動。前面說到叔孫通的官職是太子太傅，他提出強諫，只能讓劉邦暫時中止易儲念頭，而張良的官職是太子少傅，卻不肯對皇帝直接進諫，可以想見「皇帝家事」，外人著實難以插手。同時，一干沛縣老革命跟呂后有著革命情感，想必都曾經被呂后動員去當說客，但仍然都沒用。然而，劉邦內心應該是矛盾的，所以革命老夥伴來講都沒用，戚夫人的枕邊攻勢同樣沒用，他一直沒有做出決定。

張良的建議，看起來沒有立竿見影的效果，但是商山四皓的出現，給了劉邦卸除來自戚夫人壓力的說法：太子羽翼已成，接班沒問題了。這正是本書所謂「識相」：看清楚劉邦想要易儲的最根本原因，是「劉盈撐持不住江山」。

至於張良說要辟穀（不食煙火）求仙，以避免劉邦誅殺功臣波及自己，那屬於一般層次的「識相」，相對於韓信的不識相，和蕭何的自污以求保全，仍然高一級。

09. 後劉邦時代的絕配——周勃、陳平

劉邦對戚夫人說出「呂后將成為妳的主子了」，不只是心疼戚夫人，同時也包含著對呂后的不放心。

劉邦的最後時刻，呂后問他：「陛下百歲以後（指過世），蕭相國如果死了，誰能接替相國重任？」

劉邦說：「曹參可以。」

「曹參之後呢？」

「王陵可以。但王陵稍為憨直了一些，處理事情不夠靈活，陳平可以幫他忙。陳平小聰明很多，可是不能獨當一面。周勃為人寬厚自重，不做表面工夫，可是將來安定劉氏天下的，必定是周勃，可以讓他擔任太尉（掌軍事）。」

呂后再問其次。

劉邦說：「再往後，妳也管不到了。」

【原典精華】

呂后問曰：「陛下百歲後，蕭相國既死①，令誰代之？」

上曰：「曹參可。」

問其次，上曰：「王陵可，然少②戇，陳平可以助之。陳平知③有餘，然難以獨任。周勃重厚少文④，然安劉氏者必勃也，可令為太尉。」

呂后復問其次，上曰：「此後亦非而⑤所知也。」

——《資治通鑑．漢紀五》

---

①既死：一旦死亡。

②前一個「少」是「稍」的意思，後一個「少」是「不」的意思。

③知：同「智」。

④文：文飾，表面功夫。

⑤而：同「爾」。

劉邦與呂雉確實是一對相知的配偶。呂雉知道，劉邦對身後事應該已經胸有成竹，所以開門見山的問，毫不忌諱。而劉邦心頭明白，太子劉盈闇弱，將來必定是呂后柄政，而且會拉進她的娘家親戚，恐將危及劉家天下，所以在蕭何、曹參之後，安排了陳平和周勃的搭檔。而後來誅除諸呂、安定劉氏政權的，果然是陳平與周勃，事實上，他倆曾經多次展現默契。

之前劉邦仍然臥病時，有人密告：「樊噲會在劉邦死後，發兵誅殺劉如意和他的從屬。」

樊噲是最早擁護劉邦革命的沛縣老夥伴，更曾在鴻門宴上搏命演出，救過劉邦一命，他又娶了呂后的妹妹呂嬃，成為劉邦的連襟。他的忠誠絕對沒有問題，但是劉邦已經對呂后起了提防之心，樊噲於是成為必須除掉的威脅，所謂「有人」密告，研判就是劉邦本人。

樊噲當時正帶領大軍討伐叛逃匈奴的燕王盧綰，劉邦將周勃和陳平召到病榻前，下令：「陳平即刻乘坐驛車（代表政府），偕周勃一同去到前線，由周勃取代樊噲為大將，陳平就在軍中斬下樊噲的頭。」如此輕易陣前換將並斬殺統兵大將，不但顯示樊噲絕對不會反抗，更感受到劉邦自知壽命不長，急於穩定劉氏江山的迫切。

陳平、周勃二人在途中商議，「樊噲是革命老夥伴，又是呂后的妹夫，既親且貴。皇帝今天火大要殺他，明天氣消了，可能後悔，那時咱倆就倒楣了。我們還是將他放上囚車，押回長安，交給皇帝自己處理。」快到大營，築起高台，用皇帝符節召喚樊噲，樊噲接到詔書，當場雙手放在背後任綁縛，載進囚車，傳詣長安，軍隊交給周勃。

陳平押著樊噲，半路上接獲劉邦逝世的消息，立刻獨自飛奔長安，途中遇到使者帶來詔書，指派陳平與灌嬰進屯滎陽——這道詔書肯定是呂后發的，而呂后知道陳平受劉邦之命去殺樊噲，只是不曉得陳平沒殺樊噲。

呂后意向不明，吉凶難卜，陳平決定受詔而不赴任，直接馳入宮中，扶棺慟哭，上奏請求留在宮中守柩。呂后被他感動，任命他為郎中令（掌宮廷侍衛），並擔任皇帝劉盈的老師。之後樊噲回到長安，立即獲得赦免，恢復原來的爵位與封邑，而呂嬃向姐姐控訴陳平則未發生效果。

劉盈即位為漢惠帝，呂后當家主政，遵照劉邦遺命蕭規曹隨。之後蕭何、曹參、張良先後逝世，呂后任命王陵為右丞相，陳平為左丞相，周勃為太尉——仍然照劉邦遺命安排。兩年後，惠帝劉盈駕崩，沒有兒子，呂后立一個傀儡小皇帝（少帝，名劉恭），自己以太皇太后名義當家主政。

太皇太后起意要封自己娘家呂姓兄弟為王，詢問右丞相王陵意見，王陵以高祖與諸將約定「非劉不王」為辭反對。呂后再問陳平、周勃，二人說：「高帝平天下，以劉姓為王，今太皇太后臨朝聽政，以呂姓為王，有何不可？」呂后當場轉嗔為喜。

識相通鑑

陳平跟周勃都清楚體會劉邦要殺樊噲的用心何在（識相），所以決定「帶回長安交給皇帝自己處理」，因為，如果劉邦病情好轉，就沒有急著殺掉既是老夥伴又是連襟且忠心耿耿的樊噲。（陳平「飛騎直馳長安」則是保命第一原則——把握第一時間採取行動，遲則無效。）

呂后要封諸呂為王，陳平和周勃意見一致，更顯示兩人早已商量過，認為呂后的意志堅定，不能硬性阻擋，當然也有了徐圖後進的默契（識相）。

朝會結束後，王陵抱怨陳、周兩人「拍馬屁、背叛高祖」，陳平、周勃回說：「在朝會上公開提出反對，我們不如你；可是保全國家、保護劉氏後裔，你不如我們。」王陵聞言張口結舌，無法回答（果然有夠憨）。

不久，呂后擢昇王陵為太傅（位高權不重，所謂「一腳踢到樓上」），王陵稱病，於是呂后順勢將他免職，擢升陳平為右丞相，自己的親信審食其為左丞相，周勃仍然擔任太尉。

之後，呂后大封諸呂為王，佔據朝廷要津，同時誅殺劉姓藩王，更廢了小皇帝劉恭，另立一個小皇帝劉弘——情況緊急，眼見呂姓要取代劉姓，就在這個時候，呂后病重逝世。

呂姓諸王準備發動政變，可是軍隊牢牢掌握在周勃手上，因而不敢發動。然後，齊王劉襄起兵，他的弟弟劉章在長安為內應，以誅除諸呂為號召，向西進軍。呂家班首領相國呂產命灌嬰率軍迎戰，灌嬰大軍到了滎陽，屯留不前，派出使節跟劉襄合謀反攻長安，劉襄於是將軍隊撤回齊國。

呂產下令不准周勃進入軍營，可是有內線在命令發佈前通知周勃，周勃急馳長安北軍，內線更假傳小皇帝聖旨，讓周勃接管北軍。呂產還不知道情況已經生變，直入未央宮，卻發現宮門緊閉，當場逡巡徘徊，不知所措。陳平命劉章帶兵入宮，在廁所中斬殺呂產。誅殺諸呂後，大臣們共商迎立劉邦最年長的兒子代王劉恒，也就是歷史上稱頌的漢文帝。

漢文帝即位，陳平主動讓賢，由周勃擔任右丞相，陳平任左丞相，灌嬰為太尉。周勃自以為功勞大，神色得意，文帝對他十分禮敬。

【原典精華】

帝益明習國家事。朝而問右丞相勃曰：「天下一歲決獄①幾何？」勃謝不知。又問：「一歲錢穀出入②幾何？」勃又謝不知，惶愧，汗出沾背。上問左丞相平。平曰：「有主者③。」上曰：「主者謂誰？」曰：「陛下即問決獄，責廷尉；問錢穀，責治粟內史④。」上曰：「苟各有主者，而君所主者何事也？」平謝曰：「陛下不知其⑤駑下⑥，使待罪⑦宰相。宰相者，上佐天子，理陰陽，順四時；下遂萬物之宜；外鎮撫四夷諸侯；內親附百姓，使卿大夫各得任其職焉。」帝乃稱善。右丞相大慚，出而讓陳平曰：「君獨不素教我對！」陳平笑曰：「君居其位，不知其任邪？且陛下即問長安中盜賊數，君欲強對邪？」

於是絳侯⑧自知其能不如平遠矣。

——《資治通鑑．漢紀五》

漢文帝對國事逐漸進入狀況後，開始展現皇帝架勢。有一天朝會中，他問周勃：「司法一年判決多少案件啊？」周勃無法回答。

文帝再問：「政府一年稅收與支出多少啊？」周勃仍然答不出，惶恐慚愧，汗流浹背。

漢文帝問陳平，陳平說：「各有主管官員。」

文帝再問：「主管官員是誰？」

陳平答：「陛下要知道司法判決案件，問廷尉；錢糧則問治粟內史。」

①決獄：司法判決案件。
②錢穀出入：稅收與政府支出。
③主者：主管官員。
④治粟內史：掌管全國田賦、錢糧收支，在當時等同財政部長。
⑤其：對自己的謙稱。
⑥駑：資質鈍。下：能力差。駑下：謙稱自己資質能力都不夠。
⑦待罪：隨時準備入獄，表示內心惶恐的用語。
⑧絳侯：周勃封絳侯。

文帝說：「政府所有業務都各有所司，那你丞相管什麼？」

陳平說：「陛下不嫌我資質駑下，讓我擔任丞相。丞相對上輔佐天子，施政順應社會變化，生產不違背時節，對下讓人民安居樂業；對外鎮撫四方蠻夷與藩國，對內親撫人民，讓官吏適才適所、稱職任事。」文帝對這個答覆至表讚許。

周勃大為慚愧，出了朝門，對陳平抱怨：「你平常怎麼都沒教我咧！」

陳平說：「你自己坐在丞相位子上，卻不知道丞相要做什麼？假如皇帝問起長安有多少小偷，你難道也要勉強回答嗎？」

於是周勃明白，他的能力不如陳平很多。不久以後，周勃稱自請退休，漢文帝批准，並不再設左右丞相，由陳平專任宰相。

10. 直白言語勝百萬雄兵——季布

陳平、周勃、灌嬰相繼為相之後，漢文帝用張蒼為丞相，張蒼的御史大夫職位出缺，漢文帝將河東郡（今山西省南部）太守季布召至長安，想要任命他為御史大夫。可是有人打小報告，說季布雖然行事有擔當，但是愛喝酒，部屬因此怕他而不敢接近，文帝因而猶豫。季布等了一個月，文帝最終打消原意。

季布於是請求覲見，說：「我在河東奉職，陛下召我進京。如果我沒有功勞，那一定有人欺矇陛下說我好話；如今我來到京城，卻未蒙差遣，那一定有人說我壞話。陛下以一個人的稱譽而召我來，又以一個人的詆毀而打發我回去，我擔心天下有識之士聽說，會因此看出陛下格局的深淺。」

文帝內心慚愧，默然半晌後，說：「河東是我最倚重的一個郡，所以特別召你來瞭解一下。」

【原典精華】

上召河東守季布，欲以為御史大夫。有言其勇①、使酒②、難近者；至，留邸一月，見罷③。

季布因進曰：「臣無功竊寵，待罪河東④，陛下無故召臣，此人必有以臣欺陛下⑤者。今臣至，無所受事，罷去，此人必有毀臣者。夫陛下以一人之譽而召臣，以一人之毀而去臣，臣恐天下有識⑥聞之，有以窺⑦陛下之淺深也！」上默然，慚，良久曰：「河東，吾股肱⑧郡，故特召君耳。」

——《資治通鑑・漢紀六》

這樣子的君臣對話，在春秋戰國的歷史記載中很多，但秦始皇以後堪稱鳳毛麟角，需要君王能容而臣子敢言。無論如何，季布是一個傳奇人物，他的直白言語甚至抵得上百萬雄兵。

楚漢相爭時，季布在項羽麾下任將軍，史書只記載他四個字「數窘漢王」——好幾次讓劉邦出糗。由於劉邦建立了西漢王朝，取得撰史權，所以史書上對他的糗事一語帶過。倒是在《敦煌變文》裡有一篇〈捉季布傳文〉，用說書的形式講述了季布罵陣的情節。無論如何，劉邦得了天下以後，懸賞千金要捉拿季布，有人敢藏匿季布的，罪及三族。

季布逃匿一段時間後，走投無路，乃剃光頭髮、頸帶鎖鍊，由一位周姓朋友將他混在家中僮僕當中，一起賣給當時一位豪俠朱家。朱家心知他是季布，將他安置在田間工作，交代兒子：「田裡的事情都聽這個奴僕的，每餐一定要跟他同食。」然後自己去到洛陽（劉邦最先在洛陽即位稱帝，尚未遷都長安）見夏侯嬰，問道：「季布有什麼罪，皇帝一定要抓他？」

①勇：勇於任事。
②使酒：喝酒不節制。
③罷：打消原意。
④竊寵、待罪：都是臣下對君王的謙卑用語。
⑤以臣欺陛下：在陛下面前過度稱讚我。
⑥有識：有識之士。
⑦窺：探知。
⑧股：大腿。肱：胳膊。股肱：指得力的輔佐。

夏侯嬰說：「季布好幾次幫項羽罵皇上，罵得很不堪，皇上一直記恨無法釋懷，所以一定要抓到他。」

朱家問：「你覺得季布這個人怎麼樣？」

夏侯嬰說：「是個可用之才。」

朱家說：「臣各為其主，季布在項羽陣營，幫助項羽是他的職分，項家的臣屬難道殺得光嗎？皇帝剛剛得到天下，就為了一己私怨要跟亡國將領計較，豈不是昭告天下，自己的心胸不廣嗎？更何況，如此能幹的一個人，追捕他太急切的話，只會逼得他往北投靠胡人，或往南投靠越人。把英雄人物逼到敵國去，正是從前伍子胥鞭打楚平王屍體的歷史教訓啊！」

夏侯嬰是沛縣老革命，劉邦征戰天下都是他駕馭馬車，非常親近。他逮到機會將朱家的說法跟劉邦講，劉邦聽進去了，下令特赦季布。季布進京謝罪，劉邦任命他為郎中（禁衛官）。

揣摩通鑑

《史記》記載，當時人都稱許季布能夠忍氣吞聲為奴，朱家非但不邀功，甚至從此不再見季布，因此贏得當世大名。但如果將季布忍辱求生、朱家仗義營救列入「保命通鑑」，實在貶低了他倆。

季布明知「天下之大，卻無容身之地」，為什麼沒有「北走胡，南走越」，還留在劉邦勢力所及範圍內呢？

應該是，季布認為劉邦具有任用英雄的胸襟，只要有人能夠說服劉邦，劉邦仍然會重用他，而他找到了朱家。朱家如果認為劉邦是個睚眥必報的角色，他也不會冒著誅三族的風險去幫季布關說，同時他找到了適當的管道（夏侯嬰），也找到了劉邦聽得進去的說服重點。

事實上，劉邦對項羽可說一路吃癟，根本不是對手，而項羽就是敗在「將英雄豪傑逼到敵國去」——包括韓信、陳平、英布等開國功臣原本都是項羽陣營。

而劉邦更利用赦免季布，耍了一記權術：季布的弟弟丁公原本也是項羽手下將軍，彭城之戰劉邦大敗逃命時，丁公追擊劉邦甚急，已經到了短兵相接的距離，劉邦情急之下，對丁公說：「咱倆都是一代英雄，難道非得你死我活嗎？」丁公於是手下留情。等到項羽覆亡，丁公進謁劉邦，劉邦卻下令殺了他，同時訓示軍中：「讓後世為人臣者不要效法丁公。」——赦季布而誅丁公，是得了天下以後的作法，如果還在打天下時如此做，只會斷絕敵營投靠反正的念頭，所以說是權術運用。

劉邦死後，呂后當家。匈奴冒頓單于送來一封信，大意是：「妳剛死了丈夫，我也已經好久沒有闕氏了，我倆都是寂寞而不快樂的君主，不如拿自己有的東西，交換自己沒有的東西。」措辭露骨且無禮之至。

呂后召來諸將，問大家的意見，上將軍樊噲大義凜然發言：「我願領十萬大軍，殺他個片甲不留。」諸將轟然響應「是啊」、「應該的」。

只有中郎將季布唱反調：「樊噲該砍頭！當年高帝率領四十萬大軍討伐匈奴，尚且被圍困在平城，如今樊噲憑什麼敢說能以十萬軍隊打贏匈奴？再說，當年秦始皇動員大軍提防匈奴，耗盡國力，以致陳勝揭竿起義就天下大亂，丟掉政權。國家到現在還沒恢復元氣，樊噲卻為了討好太后，不惜動搖天下。」這番話說完，朝廷上瀰漫恐懼氣氛，呂后卻沒發怒，只宣布退朝。

後來呂后派人寫了一封措辭謙卑的信給冒頓，說自己「年老氣衰，髮齒脫落，走路不穩，無法侍候單于」，並且致送大量禮物、貢品。冒頓單于見信，非但不因此輕視漢朝，反而認為呂后不是簡單人物，從此漢匈之間進行了幾十年的和親外交。

保命通鑑

前文說「季布的直白言語抵得上百萬雄兵」，指的就是這段故事，如果當時他不挺身而出，朝廷上那個氣氛肯定達成「出兵教訓冒頓」的結論，然後就是連年征戰，以每次出兵十萬人計算，季布一番話說是「抵得上百萬雄兵」，還算保守的。

戰爭一定會死人，漢朝跟匈奴能夠以和親代替對抗，雙方的年輕人都因此免於兵凶戰危，季布冒著生命危險——樊噲是上將軍，等同今日總司令，季布是中郎將，等同今日少將；呂后正在盛怒情緒，而樊噲又是呂后的妹夫；無論位階還是親疏都差一大截。可是他勇敢的說了，也因此保全了百萬士卒性命。

回頭看最前面季布跟漢文帝的直白對話，有他非說不可的理由。這裡且先看另一個故事：

西漢宣帝時，京兆尹張敞被捲進一宗「大逆」（忤逆皇帝）案件，皇帝雖然擱置了彈劾張敞的奏章，可是山雨欲來風滿樓，風聲對張敞十分不利。

張敞交代幕僚絮舜辦一個案，絮舜愛理不理，還放話：「他（張敞）只是五日京兆而已，誰甩他？」張敞聽說，大怒，隨便扣個帽子，逮捕絮舜，日夜審問，入他於死罪。在處決之前，還派人送一張字條給絮舜：「五日京兆威力如何？」然後將他處死。

絮舜的家屬抬著屍體向「行冤獄使者」（西漢特有的任務型官職，專司稽核冤獄）控訴張敞。使者彈劾張敞「賊殺不辜」（濫殺無罪），漢宣帝迴護張敞，下詔貶作平民。張敞知道皇帝饒他一命（未以濫殺無罪交辦），繳出京兆尹印信，隨即返家。

幾個月之後，漢宣帝派使節召回張敞，張敞趁此機會上書陳明，「絮舜態度惡劣，還譏刺我五日京兆，我才將他定罪處死。我知道我判決枉殺無罪之人，即使被明正刑典，也不後悔。」漢宣帝召見張敞，任命他當冀州刺史。

季布並未犯罪，但是處境跟張敞一樣：有人打小報告，可是不曉得「是誰要害我」。如果不把握仍可以跟皇帝說清楚的時候趕快說，不曉得什麼時候會再被提出來，那時候可沒有說明或辯駁的機會了。

班婕妤：直白逃過「燕啄」

西漢成帝是一位風流君王，自己縱慾過度，並因寵愛趙飛燕而廢許皇后，立趙飛燕為后。趙飛燕沒生兒子，擔心后位不保，於是譖害所有後宮生兒子的妃子和她們的兒子，時人稱之為「燕啄王孫」。（最終漢成帝無後。）

漢成帝在趙飛燕尚未入宮前，寵愛一位班婕妤。班婕妤知書達禮，很得太后歡心，許皇后也跟她友善。後來趙飛燕想當皇后，栽贓許皇后和班婕妤用巫蠱詛咒皇帝，結果許皇后被廢，班婕妤下獄。法吏拷問班婕妤，她上書自陳：「俗話說『死生有命，富貴在天』，做好事積功德都未必受福報，又怎能期待幹壞事能得到福報？如果鬼神有知，不會接受邪行（指巫蠱）；如果鬼神無知，作法又有何用？所以，我不會去做這種事的。」成帝認為她說得很好，赦免她，並賞賜黃金百斤。

班婕妤心裡明白，趙飛燕當上了皇后，肯定還會出招，必要拔除她這支眼中釘而後快。於是請求移居長信宮，奉養太后，其實是躲藏在太后這張「防護罩」裡面，得以避過趙飛燕陷害。

班婕妤做過一首〈怨歌行〉，又名〈團扇詩〉，用「秋天到了，團扇就被捐棄」為喻，自述幽怨之情，成為成語「秋扇見捐」的典故。

然而，這樣一位有文才的女性，在面對獄吏拷問時，寫詩肯定太迂迴，所以她採用直白敘述，說動了皇帝。

11. 當全天下的天平——張釋之

漢文帝被譽為歷代第一仁君，很關鍵的一位大臣是廷尉（全國司法最高長官）張釋之，他也是千古法官的典範。

張釋之的早期官運並不順利，擔任皇帝的車騎侍從一幹十年，正在非常灰心想要辭職回家之時，得到漢文帝的親信袁盎推薦，調升為謁者僕射（宮廷傳達室主管）。這個職位跟車騎侍從一樣，必須經常隨同皇帝出巡，但升等可以上車了。

一次，文帝到上林苑的虎圈，隨口問起「苑內有多少這種、那種動物？」一連十餘問，上林尉（上林苑副主官）答不出來，環顧左右求援，虎圈嗇夫（管理虎圈的官吏，與縣令同職級）代他回答。漢文帝興致來了，一一詳細詢問，那個嗇夫如數家珍，滔滔不絕。漢文帝為之讚嘆：「當官吏不就應該如此嗎？那個上林尉太差了！」當場指示張釋之，回去後詔令那個嗇夫為上林令（上林苑主官）。

御駕離開上林苑後，張釋之趨前進奏：「陛下覺得絳侯周勃是怎樣的人？」

漢文帝答：「是位忠厚長者。」

張釋之再問：「陛下覺得東陽侯張相如是怎樣的人？」

文帝回答：「也是一位忠厚長者。」

張釋之說：「絳侯和東陽侯都是國家功臣，可是兩人都拙於言辭，哪像這個嗇夫伶牙俐齒，陛下越級提拔這種人，會影響朝廷風氣，不可不慎。」

漢文帝認為很對，就取消擢升嗇夫的決定，一路上跟張釋之談秦朝的興亡道理，回到宮中，擢升張釋之為公車令（掌管皇宮南門及夜間巡邏，與州刺史同級）。

不久之後發生一件事，太子和梁王（皇后親生的兩個兒子）一同乘車進宮，經過南門（司馬門）沒下車，張釋之追上去叫停，要太子下車，並不許梁王入殿，然後劾奏兩人「不敬」罪。這個舉動讓文帝非常欣賞，先擢升張釋之為太中大夫（掌議論），不久詔令他為廷尉。

一次漢文帝出巡，過中渭橋，有一個老百姓剛好從橋下走過，御駕的馬匹受驚，那個老百姓當場被拘捕，交付廷尉治罪。

張釋之問案，那人說：「我躲在橋下避開皇帝車隊，過了好久，以為走了，出來看見儀仗隊伍，趕忙走開，沒想到會驚嚇到馬。」

【原典精華】

釋之奏當①：「此人犯蹕②，當罰金。」

上怒曰：「此人親驚吾馬，馬賴③和柔，令它馬，固不敗傷我乎！而廷尉乃當之罰金。」

釋之曰：「法者，天下公共也。今法如是，更重之④，是法不信於民也。且方其時，上使使⑤誅之則已。今已下廷尉。廷尉，天下之平也⑥，壹傾⑦，天下用法皆為之

①當：相當，依法律判決該當此刑罰。
②蹕：音「必」，帝王出行時清道，禁止行人來往，引申為帝王出行的車駕。
③賴：幸好。
④更：更改。重：加重。
⑤使使：前一個動詞，命令；後一個名詞，使者。
⑥天下之平：天下的天平。意指執法公正，有一致的裁決標準。
⑦壹傾：一旦傾斜。

輕重⑧，民安所錯⑨其手足！唯陛下察之。」

上良久曰：「廷尉當是也。」

——《資治通鑑．漢紀六》

張釋之問明此人事實上不是故意衝撞皇帝車隊，於是依法律判決「罰金」。

文帝生氣的說：「這傢伙本人驚嚇到我的駕車馬，幸虧馬性柔和，換做其他馬，豈不可能傷到我！你居然只判他罰金！」

張釋之說：「法律是天下一體遵守的。如今法律如此規定，如果更改、加重它，將使得人民不信任法律。事發當時，陛下如果下令殺了他，也就沒事了，如今既然交給廷尉審判，廷尉必須做為全天下的天平（天平不能有一絲誤差），只要出現一些些傾斜，全國的司法判決都可能任意判輕判重，那老百姓怎麼知道該如何行為？請陛下明察。」

文帝聽了，好久才說：「是啊，廷尉就應該這樣啊！」

之後，有人膽大包天，居然到太廟裡偷了劉邦牌位前的玉環。抓到以後，文帝交給廷尉治罪，張釋之依據法律判決：盜取宗廟服飾器物者，罪當棄市（在街頭斬首）。

由於薄太后對這個判決很不滿意，漢文帝將張釋之召來訓斥：「那人竟然盜取先帝器物，我認為應該判他族誅，你太不瞭解我的心理了。」

張釋之聞言，脫下官帽叩頭，說：「法律規定如此，那是他應受的刑罰。如果偷宗廟器物判族誅，萬一將來有人盜高帝的墓，陛下要怎樣加他的罪呢？」

文帝無話可說，只得以張釋之的說法報告太后，最終批准了那個判決。

保命通鑑

兩個案例，張釋之各保了一個人的命和一族人的命，但實際上，張釋之擔任廷尉能夠堅持依法辦理，不曉得免去了多少冤獄，也就是救了千千萬萬人的命。當時流傳一句：「張釋之為廷尉，天下無冤民」，使得歷代都以他為法官的典範。

依法力爭不畏皇帝威嚴的，後世還有一位：隋文帝時的大理少卿（相當最高法院副院長）趙綽。

⑧為之輕重：失去標準，執法隨己意輕重。

⑨錯：通「措」，放置。

隋文帝禁止劣幣流通，有兩個人在市面上用劣幣兌換良幣被抓到，執法者上奏，隋文帝下令斬首。趙綽進諫：「依律，二人應受杖刑，殺他們依法無據。」

隋文帝要他別管，「這不關你的事。」

趙綽說：「陛下將我放司法職位上，卻不依法，肆意殺人，怎麼跟我沒有關係？」

【原典精華】

上①曰：「撼②大木，不動者當退。」

對曰：「臣望感天心③，何論動木。」

上復曰：「啜④羹者熱則置之，天子之威，欲相挫⑤邪！」

綽拜而益前，訶⑥之，不肯退，上遂入。

治書侍御史柳彧復上奏切諫，上乃止。

——《資治通鑑・隋紀二》

隋文帝說：「一個人想要撼動大樹，如果搖不動，就該識相放棄。」

趙綽說：「我連皇帝的心意都想要撼動，何況大樹？」

隋文帝說：「喝肉湯如果太燙，應該放在一旁等它涼。天子發威了，你難道想對抗嗎？」

趙綽下拜以示謙卑，可是卻身體更向前。楊堅出聲呵斥，趙綽仍不肯退後，楊堅無可奈何，轉身回宮。治書侍御史（管理檔案的侍御史，可以出入內宮）柳彧再上奏切諫，隋文帝才打消原意。

揣摩通鑑

趙綽跟張釋之相同的地方，是兩人都碰到能幹的皇帝，漢文帝成就了「文景之治」，隋文帝成就「開皇之治」。兩個文帝不同之處，漢文帝生下來就是皇子秉性仁

①上：史書寫皇帝都稱「上」，這裡指隋文帝。
②撼：搖撼。
③天心：皇帝的意旨。
④啜：飲、喝。啜羹：喝肉湯。
⑤相挫：對抗。
⑥訶：音義皆同「呵」。

慈，隋文帝武將出身，隨喜隨怒，晚年用法更是嚴厲，動不動就殺人。

趙綽堅持依法判決，其實是知道隋文帝不會殺他。在此之前，君臣倆曾經多次對上，甚至將趙綽綁出金鑾殿，行刑官都已經剝下他的衣服了，隋文帝派人去問他：「你怎麼說？」趙綽硬頸回答：「一心執法，不敢畏死。」隋文帝拂袖而起，但是仍然下令赦免趙綽。

這種君臣關係很難解釋，總之，其他朝臣都不敢捋隋文帝的虎鬚，隋文帝偏偏就是對趙綽特別寬容。而趙綽並未因此恃寵而驕，始終堅持依法行事。

崔沂：堅持法律不畏軍閥

五代後梁太祖朱全忠（本名朱溫）篡唐，召嫡系將領鎮國軍節度使寇彥卿進京擔任左金吾大將軍（領禁衛軍，通常是皇帝親信擔任）。寇彥卿經過洛陽天津橋時，有一個老百姓沒有避開，寇彥卿命衛士將他抓住，扔到橋下，溺水而死。他向皇帝報告，朱全忠迴護藩將，要他拿出錢財跟死者家屬私下和解。

御史司丞崔沂尚書彈劾寇彥卿：「宮門前肆意殺人，應受法律制裁。」

寇彥卿答辯：「我原本只是想嚇他一嚇，想不到他一味掙扎，衛士沒抓住，才跌落橋下溺死。」

皇帝有意以「過失殺人」判衛士的罪，崔沂奏說：「依法，發號施令的是主犯，執行命令的是從犯，不可以把罪推給衛士。本案不是相互毆打，而是單方出手傷人，應依傷人罪加一等論罪，不是過失。」

朱全忠只得下令，將寇彥卿貶為游擊將軍、左衛中郎將（差大將軍三等），寇彥卿放話：「有提崔沂人頭來者，賞錢一萬串。」

崔沂奏報皇帝，朱全忠派人警告寇彥卿：「只要傷崔沂一根毫髮，我誅殺你全族。」

這個故事跟張釋之向漢文帝力爭依法論犯蹕罪，事情有異有同，主客角色交叉，可以比較一下。

12. 推心置腹化解殺戮——劉秀

東漢光武帝劉秀在稱帝之前，擊敗並收編一股數十萬眾的土匪（變民）「銅馬」，由於他的寬闊心胸，化解了一場原本可能發生的殺戮。

【原典精華】

銅馬食盡，夜遁，蕭王①……大破之，……復與大戰於蒲陽，悉破降之，封其渠帥②為列侯。諸將未能信賊，降者亦不自安。

王知其意，敕令降者各歸營勒兵，自乘輕騎按行部陳③。降者更相④語曰：「蕭王推赤心置人腹中，安得不投死乎！」由是皆服。

——《資治通鑑・漢紀卅一》

銅馬賊沒了糧草，趁夜遁逃，劉秀追擊大破之。又有一股土匪與餘匪會合，再被劉秀各個擊破。土匪投降，劉秀封他們的首領、頭目為侯（裂土封侯，以示共享天下）。可是手下諸將不信任這些賊眾，投降土匪的情緒也不穩定。

軍中醞釀起一股不穩的氣息，隨時可能爆發互相殺戮的狀況。劉秀察覺到這種情緒，於是下令投降部隊各自回到營地，武裝備戰。自己只帶了少數隨從到各軍營巡視，以示信任。

投降的變民相互傳話：「蕭王將他的一顆赤心放到我們的肚腹內，怎能不教我們為他效死？」全都心悅誠服。

保命通鑑

這件事要對照另外一段歷史來看：秦末，項羽在鉅鹿之戰大敗秦軍，秦軍統帥章邯與兩個副將決定投降，項羽帶領諸侯聯軍與秦軍投降部隊，浩浩蕩蕩往關中進發。

①劉秀當時是玄漢政權（更始皇帝）的蕭王。
②渠：首領。渠帥：土匪的首領或（自稱的）元帥。
③陳：同「陣」，借用字。
④更相：互相、彼此。

諸侯義軍當中，很多當年都被徵召去驪山做苦工，他們看到秦軍就勾起了舊恨新仇。因此在西進途中，諸侯義軍對投降的秦軍動輒打罵或言語凌辱。秦軍上下一片怨恨，私下討論：「章將軍帶領我們投降，如果能攻進函谷關當然好，就怕萬一不勝，諸侯軍裹脅我們東撤，秦國卻殺掉我們在關中的父母、妻子，該如何是好？」

秦軍軍心不穩的風聲傳開，將領們向項羽反映。項羽召來英布，說：「秦軍情緒不穩，萬一大軍到了函谷關時，一哄而散，我軍將陷於險境。不如採取斷然手段……」。於是，英布發動夜襲，將二十餘萬秦軍降卒坑殺！

劉秀的心胸寬大為後世史家所公認，但也有人做文章說劉秀是耍手段，以籠絡那些因為吃不飽才造反的純樸農民。無論如何，劉秀事實上避免了項羽殺俘的那種狀況——事關數十萬人命哪！

劉秀作為東漢（後漢）的開國君主，免不了被拿來跟漢高祖劉邦相比，而劉邦誅殺功臣，劉秀沒有，成為兩人最大的差別所在。事實上，劉秀是精密設計才做到這一點：他很努力的、不給有功將領有起異心的機會。

這怎麼說呢？先看劉邦誅殺功臣，雖然他是著眼於保住劉姓子孫江山，除去子孫接班的可能威脅，包括韓信、彭越，雖然在司馬遷筆下是千古沉冤，但是其他如陳豨、盧綰確實有謀反事實，英布、韓王信說是被逼反，但叛變總是事實。可是追隨劉秀打天下的功臣，卻鮮有叛變的，而且看得出來劉秀有刻意安排，以避免高祖誅殺功臣的歷史重演。

看一下劉秀稱帝當時的天下大勢：他的大本營設在洛陽，北邊還有眾多河北變民團體，東邊是割據齊地的張步，西邊關中是老東家兼殺兄仇人玄漢更始皇帝，再往西是割據隴右的隗囂，隴右往南是割據蜀地的公孫述，而夾在他跟劉玄中間的則是最大股變民集團赤眉。他的處境比劉邦複雜且艱難，劉邦只管向東對付項羽，劉秀卻得四面作戰。

大將耿弇多次向劉秀提出「平齊之策」，請求領軍東征。事實上，在此之前，劉秀一度在河北陷入窘境，如喪家之犬般逃避王郎追殺，全靠耿弇帶來上谷騎兵才反敗為勝。也就是說，耿弇始終擁有一支精銳的「耿家軍」，雖然耿弇對劉秀忠心耿耿，但若「放」耿家軍出去，而耿弇又順利平定齊地，那就跟楚漢相爭時的韓信平齊一樣，功勞大、地盤大、軍隊多且又多謀善戰，幾乎肯定會有楚漢相爭時蒯徹那種角色出現：

【原典精華】

蒯徹知天下權①在信，乃以相人之術說信曰：「僕相君之面，不過封侯，又危不安；相君之背，貴乃不可言。」

韓信曰：「何謂也？」

蒯徹曰：「……百姓罷極怨望，無所歸倚②；……當今兩主③之命，縣④於足下，足下為漢則漢勝，與楚則楚勝。誠能聽臣之計，莫若兩利而俱存之，參⑤分天下，鼎足而居，……願足下熟慮之！」

——《資治通鑑．漢紀二》

蒯徹曾經游說項梁，後來投在韓信麾下，他以看相勾起韓信的興趣，然後說「閣下的面相很貴重，必當封侯，可是看閣下的背，卻貴不可言。」「背」暗示「反」，屏退左右，然後說「貴不可言」，意思夠明顯吧？

蒯徹繼續引申：「當今老百姓苦於楚漢長期戰亂，卻勝負難分。兩強的命運其實操在閣下手中，最高利益是與楚漢等距外交，讓他們維持均勢，則齊國（韓信是齊王）可以鼎足三分天下，期待閣下做出睿智的抉擇。」

韓信後來並未反叛劉邦，可是劉邦卻一直提防著韓信，最終藉呂后之手殺了韓信。劉秀呢？他雖然不懷疑耿弇，可是萬一出現「蒯徹」那種角色，就很難處理。尤其他的平天下優先順序是「先西後東」，所以始終沒答應讓耿弇領兵東征。

由於赤眉的百萬流民大軍衝向長安，劉秀決定「優先配合」赤眉，鄧禹領軍幫赤眉清除側翼威脅——抵擋或擊潰玄漢軍隊。果然赤眉衝垮了玄漢政權，並在關中已經沒有糧食，也沒有物資、財物可以搶之後，竄向隴右，劉秀此時才下令鄧禹率軍進入長安。孰料，赤眉又再流竄回長安，鄧禹不敵，退出長安。

劉秀派馮異去前線替換鄧禹，並擊潰赤眉，自己算準赤眉的潰逃路線，親率大軍在宜陽（今河南洛陽市內）嚴陣以待。赤眉軍心崩潰而乞降，並將傳國玉璽（玄漢得自王莽，赤眉再得自玄漢）呈獻給劉秀。

---

①權：舉足輕重。
②歸：歸心。倚：倚靠。無所歸倚：西瓜偎大邊，不曉得哪一邊。
③兩主：指劉邦和項羽。
④縣：懸，古時字少通用。
⑤參：三。

次日，劉秀在洛水畔大閱兵，劉秀對赤眉實質領袖樊崇說：「你們後不後悔投降啊？如果你們後悔，沒關係，我現在放你們回營，重新武裝、整理隊伍，雙方鳴鼓再戰，一決勝負，我絕不勉強你們投降。」赤眉聞言，拳拳服膺——這招跟他對付銅馬一樣有效，同時也避免了可能的殺戮。

劉秀這才轉向東邊，命耿弇率軍討伐齊王張步，耿弇幾經激戰，攻下齊國都城臨淄。劉秀得報，親率大軍前往支援，耿弇聞訊，負傷上陣，大破張步餘眾。數日後，劉秀抵達臨淄，親自勞軍，並在群臣大會上表揚耿弇：「（述說耿弇戰功可比擬韓信，且困難度更高於韓信）……。將軍從前在南陽時，就曾提出平齊的大戰略，只因形勢變化而未能實施，因此難免落落不得志。如今能夠一展抱負，誠所謂有志者事竟成啊！」

保命通鑑

劉秀既然說出「可比擬韓信」，當然讀過韓信和蒯徹的歷史，也可見他是刻意不讓「蒯徹」有可以插針的縫。

事實上，擊潰赤眉之後的「親自受降」，和擊潰張步之後親自率軍到達前線，那不是搶部將的功勞「割稻仔尾」，而是不給部將在建立蓋世功勳之後，有產生「異心」

的機會——不發生叛變，當然就不會誅殺功臣，既「保」了功臣的命，也保了自己打下的天下和子孫的江山。

劉秀另一個著名的故事，是在擊滅王郎之後，收繳王郎總部裡的文件，發現不少自己陣營裡的人，過去跟王郎通書信。劉秀收集所有這種書信，當眾一把火給燒了，「令反側子自安」——讓心裡有鬼晚上睡不著覺（輾轉反側）的人安心。

相似的歷史故事是曹操：曹操在官渡之戰擊敗袁紹，袁紹緊急渡河逃命，輜重、文件都來不及帶走。曹操也將自己部下跟袁紹的通信，一把火燒了，「當袁紹兵力凌駕我方之上時，我本人尚且無法自保，何況眾人？」這兩個例子也都是「保全性命」的故事。

13. 面試兩個皇帝——馬援

東漢光武帝劉秀保全功臣的另一個方法，是大量引進文人進入政府，將官爵分開：功臣都封侯、享食邑（爵位），但除非有能力才得進入政府。可是對於封國的王侯對郡縣施壓、強買民地或在丈量時舞弊等行為，卻嚴厲懲罰行政官員，而不問責王侯——變成袒護皇族（劉姓諸王）和功臣（列侯）。

有一次，京城洛陽行政首長張伋和另外十數名郡太守與封國相遭指控丈量土地舞弊，下獄後全數處死。

事情過後一段時間，光武帝跟虎賁中郎將馬援聊天時說：「我非常後悔殺了那麼多一級地方行政首長。」

馬援說：「如果罪刑該當死刑，沒有殺人多少的問題。只不過，人死了卻不能復活。」

光武帝聞言大笑。

【原典精華】

河南尹①張伋及諸郡守十餘人皆坐②度田③不實，下獄死。後上從容④謂虎賁中郎將馬援曰：「吾甚恨⑤殺守、相⑥也。」對曰：「死得其罪，何多之有！但死者既往，不可復生也！」上大笑。

——《資治通鑑．漢紀卅五》

光武帝大笑的情緒很複雜：是他自己先說的「後悔」，招來「死者不可復生」的諫

①河南尹：東漢京城大洛陽地區的行政首長，等同西漢的京兆尹。
②坐：判刑稱「坐罪」。
③度：丈量。度田：丈量土地。
④從容：閒居，非工作時間。
⑤恨：此處用法同「悔恨」之恨。
⑥東漢沿襲西漢郡國制，郡太守與封國相都是一級地方行政首長。

言，既不能下詔「平反」，因為那些人確實犯了罪，又不能追究他們「度田不實」是幫誰掠奪土地，因為那些都是皇族或功臣，只好以大笑化解。

至於光武帝跟馬援「閒居聊天」，因為他倆是兒女親家，馬援的女兒嫁給太子劉陽（後來的漢明帝），而馬援更是王莽末年群雄逐鹿時期的一號英雄人物。

馬援祖輩做過大官，因涉入謀反案而被誅，家道於是中落，但仍以詩書傳家。馬援十二歲時父親去世，大哥教他詩書，他不喜歡，說想去北方邊郡開墾放牧，大哥說：「你屬於大器晚成型，將來總會有所成就，隨你高興吧！」但因大哥去世，馬援沒有去邊塞，留在家裡守喪。

他一度擔任郡政府的督郵（位輕權重，教化、監察、刑獄無所不管），押解犯人途中，禁不住哀求，將犯人放了，自己只好逃亡到邊郡。後來朝廷大赦，他仍然留在北方，墾田放牧，因經營有方，擁有牛馬羊數千頭，穀數萬斛（一斛當十斗）。這時候他說：「致力田牧而累積貨殖，貴在能夠跟人家分享，否則只是一個守財奴罷了！」於是將資產盡數分給一起工作的兄弟夥伴，自己只穿羊裘皮褲（不穿綾羅綢緞）。

王莽末年，關中大亂，很多士族避禍到隴右，馬援跟隨哥哥們也去到隴右，盤據隴右的軍閥隗囂非常器重他，任命他為綏德將軍，重大決策都跟他商量。

隗囂才能、德行都很好，但不是雄才大略的角色。當時在他的地盤周邊有兩個人已經稱帝：一個是成都的公孫述，一個是洛陽的劉秀。

【原典精華】

隗囂使馬援往觀公孫述。援素與述同里閈①，相善，以為既至，當握手歡如平生；……述鸞旗、旄騎，警蹕就車②，磬折③而入，禮饗官屬甚盛，欲授援以封侯大將軍位。賓客皆樂留，援曉之曰：「天下雄雌未定，公孫不吐哺④走迎國士，與圖成敗，反修飾邊幅，如偶人形，此子何足久稽⑤天下士乎！」因辭歸，謂囂曰：「子陽⑥，井底蛙耳，而妄自尊大；不如專意東方。」

①閈：音「漢」，里門。同里閈：住同一社區。
②鸞旗：帝王專用鳥飾旗幟。旄騎：撐著旄旗的騎兵。警蹕：帝王出巡清道。
③磬折：折腰如磬。
④吐哺：引用周公「一飯三吐哺」的典故，比喻歡迎人才的誠意。
⑤稽：留。
⑥子陽：公孫述字子陽。

囂乃使援奉書雒陽。……帝在宣德殿南廡⑦下，但幘⑧，坐，迎笑，……援頓首辭謝，因曰：「……當今之世，非但君擇臣，臣亦擇君矣。……臣今遠來，陛下何知非刺客奸人，而簡易若是！」帝復笑曰：「卿非刺客，顧⑨說客耳。」援曰：「天下反覆，盜名字⑩者不可勝數；今見陛下恢廓大度，同符高祖，乃知帝王自有真也。」

——《資治通鑑．漢紀卅三》

馬援跟公孫述小時候是鄰居，馬援去到成都，原本以為公孫述會跟他握手言歡、互述平生，沒想到公孫述卻擺出皇帝排場，除了大陣仗歡迎，還要封馬援為侯、拜他為大將軍。馬援隨行的賓客都想留下來，但馬援對他們說：「天下未定，公孫述不但不禮賢下士，還擺出皇帝的架子，如同一個巨大人偶，這種人何足依靠？」回到涼州，他對隗囂說：「公孫述是個井底蛙，不如專心事奉東方（劉秀）。」

於是，隗囂再派馬援「往觀」劉秀。

劉秀完全不擺架子，在洛陽宣德殿南邊的走廊下接見馬援，卻只在頭上包了幘巾（儒士裝束），坐在蓆上笑臉迎接。

馬援問他：「陛下怎麼知道我不是刺客呢？」

劉秀說：「你不是刺客，我只當你是說客。」

馬援對劉秀大為傾倒，認為劉秀「有劉邦的恢弘氣度，是真命天子」。

跳槽通鑑

馬援的隨行賓客都會喜歡公孫述，而非劉秀，因為公孫述擺足了場面，肯定宴飲、車隊、住宿都提供最高檔的服務。可是馬援看的不是這些，甚至封侯拜將也沒放在他眼中，他看的是「誰有真命天子之相」，這可以歸入「識相通鑑」。

然而，馬援見光武帝時，還說了一句名言「**當今之世，非但君擇臣，臣亦擇君矣**」，這正是現代人選擇跳槽的至理名言——不是只有企業或老闆要揀人，如果你是人才想跳槽，更需要看清楚「這個企業或老闆有沒有前途」。

隗囂本質上是個品德學問都很好，且待部下很厚道的老闆：更始稱帝那一年，

⑦廡：音「午」，堂下周圍的走廊。
⑧幘：音「則」，當時流行的一種頭巾。
⑨顧：此處做「考慮」解，如顧慮用法。
⑩盜名字：當時人心思漢，很多起義軍都推一個姓劉的稱王、稱帝。

隴右豪族隗氏舉起抗莽旗幟，推出族中名聲最好的隗囂為領袖。隗囂的稱號是「上將軍」——他的軍師方望建議他與建漢高祖劉邦的祭廟，盛大祭祀高祖、文帝、武帝，隗囂所有文書、告示都自稱「臣」，宣誓效忠劉氏、恢復漢室。簡單說，隗囂集團自始就沒有要「逐鹿天下，改姓易鼎」的念頭——他是一個很棒的家族企業領袖，但無法發展成跨國企業。

馬援稱得上是當世的英雄人物，他當然不願意只當割據軍閥的家臣，因此他藉著幫隗囂找尋明主的機會，分別到成都和洛陽「面試」了兩個已經稱帝（展現企圖心）的大咖，然後「相」中了劉秀，後來覷一個機會，離開隴右，投奔洛陽。

當然，跨國企業未必就比家族企業更適合你。當時另一位高級人才班彪是河西軍閥竇融的文膽，他勸竇融加入劉秀陣營，竇融乃成為劉秀牽制隗囂的最大力量（**隴右在今天甘肅南部，河西在甘肅中、北部**）。由於開國有功，竇氏一門在後漢是顯要外戚。而班彪是他的重要幕僚，因此二個兒子都能躋身權貴，更因自己的才能而得史冊留名：長子班固是《後漢書》作者，次子班超揚威西域。

想要跳槽嗎？先決定你的選擇是要做馬援、竇融，還是班彪？

至於本章前面「光武帝大笑」，馬援只有曲言婉轉「人死不能復生」，沒有直言諫諍「不要多事殺戮」，由於光武帝劉秀是個英明領袖，自然以後就不會在盛怒之下殺人，也可以歸為「保命通鑑」。資治通鑑中的類似記載還有五代時的趙延壽。

五代後晉石敬塘藉契丹（遼國）兵得天下，成為「兒皇帝」。他死後，繼承人石重貴跟遼國翻臉，遼太宗耶律德光帶兵南下，滅了後晉。

戰爭過程中，後晉大將杜重威陣前倒戈是一個重要轉折。耶律德光將杜重威軍隊的鎧甲都放進倉庫，戰馬都驅送回遼國，讓這一批晉軍降卒隨著契丹軍隊南征。但是契丹主要是騎兵，投降的晉軍人數太多，拖慢了進度，耶律德光更擔心他們嘩變，於是有契丹將領建議他將晉軍降卒全數坑殺。

一位更早投降契丹的漢人將領趙延壽聽到傳言，急忙去對耶律德光說：「陛下親自帶兵攻滅晉國，是準備交給他人嗎？」

耶律德光要他講清楚什麼意思。

趙延壽說：「晉國領土廣袤數千里，西邊有蜀國，南邊有唐國（十國中的後蜀、南唐），日後陛下車駕北歸，要留多少契丹騎士駐守？難道要拱手讓給蜀、唐？」

耶律德光問：「那你認為該怎麼處理？」

趙延壽說：「將這一批降卒調去戍守南邊，蜀、唐就不能為患了。」

耶律德光說：「我從前將後唐降卒交給後晉，才貽此後患（指石重貴），這次不再犯相同錯誤。」

趙延壽說：「以前沒有留人質是一大疏忽。這次將士卒家屬留在恆、定、雲、朔之間（皆屬石敬塘割給遼國的燕雲十六州），外戍軍隊分批輪流調動，就不怕他們叛變了，這才是上策。」耶律德光接受了這個意見，數十萬晉軍降卒因為趙延壽一番話免於遭屠殺。

14. 水清無大魚——班超

前章提及班彪，他寫了《史記後傳》六十五篇（未成書），後來兒子班固以此為基礎，修成《後漢書》，父子都是史學史上重要人物，可是他的次子班超卻完全不耐煩埋首於文字堆裡。

【原典精華】

嘗輟業①投筆歎曰：「大丈夫無它志略，猶當效傅介子②、張騫③立功異域，以取封侯，安能久事筆研閒④乎？」

左右皆笑之。超曰：「小子安知壯士志哉！」

其後行詣相者，曰：「祭酒⑤，布衣諸生耳，而當封侯萬里之外⑥。」超問其狀。相者指曰：「生燕頷虎頸，飛而食肉⑦，此萬里侯相也。」

——《後漢書．班梁列傳》

班固在洛陽做校書郎的官，班超沒有官職，因老哥職務之便，經常幫官府抄書打零工貼補家用。有一次做煩了，將毛筆扔到地上，嘆氣說：「大丈夫就該效法張騫、傅介子那樣，到異域去建立功勞，爭取裂土封侯，怎麼可以長久被困在文書工作裡呢？」一同抄書的夥伴都笑他，班超說：「你們這些書呆子，怎麼能體會壯士的志向！」

後來有一個看面相的老師對他說：「讀書人做文學官，最高位置不過祭酒而已，可你不一樣，你必將去到萬里之外立功封侯。」

班超要他更具體說明，那位相士說：「你的下巴像燕子，所以行動迅速如飛；你的頸項像老虎，所以撲食勇猛。」

終於，班超隨奉車都尉竇固（竇家班外戚，班超承襲老爹班彪追隨竇融的老關係）北伐匈奴，軍事行動勝利，竇固派班超出使西域。從此班超威震西域三十餘年，始終展現他迅速且勇猛的風格，以下舉三個例子：

鄯善：國王起初接待班超一行禮節非常恭敬周到，但不久之後，態度突然變得疏忽怠慢。班超從侍候人員口中探知匈奴的使節團到來，研判形勢嚴峻，於是激勵同行夥伴「不入虎穴焉得虎子」，當天夜裡發動火攻突擊，將匈奴使節團全數殲滅。天明後，派人請鄯善王前來，將北匈奴使者的頭顱排列在進入賓館的道路兩旁，鄯善舉國震恐。班超趁勢對鄯善王曉以大義，鄯善國王接受班超提出的條件：以他的兒子作為人質入覲漢朝。

于闐：于闐王廣德當時剛剛打敗了莎車國，雄霸西域南道，因此，班超到達時，廣德王態度冷漠。于闐人民迷信神巫，神巫放話說：「漢使有一匹黃身黑嘴的駿馬（騧），趕快拿來給我祭祀天神！」于闐王派宰相去向班超要求那匹騧馬，班超一口答應，可是「要神巫親自來取」。過一會兒，神巫來到，班超二話不說，立即拔刀砍下他的腦袋。廣德王之前就聽說班超在鄯善國誅滅匈奴使者的事蹟，這下子非常惶恐不安，於是下令攻殺北匈奴

①輟：中止。輟業：停下工作。
②傅介子：人名，漢昭帝時出使西域，斬樓蘭王，封義陽侯。
③張騫：人名，漢武帝時出使西域，封博望侯。
④研：硯，借用字。閒：通「間」。筆研閒：筆硯間。
⑤祭酒：文學官員之首席常稱「祭酒」，如博士祭酒、國子監祭酒。
⑥封侯萬里之外：在萬里之外建立功勞而封侯。
⑦燕頷：下巴像燕子。虎頸：頸項像老虎。意指行動迅速如燕，勇猛如虎。

使者，歸降漢朝——于闐國就此鎮定，並且成為班超的駐地，招撫西域各國。

疏勒：當時的疏勒王是龜茲人兜題，而龜茲是匈奴在西域的代理人，亦即兜題是匈奴的傀儡。班超帶領軍隊取道小路，前往疏勒國，離兜題所居住的盤橐城只有九十里，預先派部下田慮去勸降兜題。田慮到達盤橐城，見兜題毫無歸降之意，趁他不提防，突然撲上去，將他捆綁起來，兜題的手下一哄而散。田慮派人飛馬馳報班超，班超軍隊即刻進城，召集疏勒文官武將，歷數兜題的罪狀，另立原來國王的侄子「忠」為疏勒王，疏勒人都很高興。（班超的部將也是「飛而食肉」！）

漢明帝去世，北匈奴的盟國趁機攻打漢軍駐地，西域都護陳睦的駐地被攻陷，班超陷於孤立，剛即位的漢章帝鑑於陳睦全軍覆沒，恐怕班超勢孤力單，難以支撐下去，就下詔召回班超。

班超出發回國，疏勒全國上下都感到擔心害怕，一個名叫黎弇的都尉說：「漢使若離開我們，我們必定會再次被龜茲滅亡。我實在不忍心看到漢使離去。」說罷，就拔刀自殺了。

班超途中來到于闐國，國王以下的人全都悲號痛哭，「我們依靠漢使，就好比嬰兒依靠慈母一樣，你們千萬不能回去。」還有人緊緊抱住班超坐騎的腳，使馬無法前行。

班超看到于闐人民情深意堅，又想實現自己的壯志初衷，於是改變主意，調轉馬頭，返回疏勒。疏勒國中有二座城池，在班超離去後，已經投降了龜茲國，並且與尉頭國聯兵叛漢。班超捕殺了叛降者，又擊破尉頭國，攻殺六百餘人，疏勒國重新安定下來。

從此，班超從「漢朝的班超」變成「西域的班超」（雖然職位仍然是漢朝的西域都護）。他開始聯合西域各國，對抗匈奴跟它的盟邦，包括疏勒、康居、于闐和拘彌等國，甚至收買大月氏王出兵，幾乎沒有讓漢朝由國內出兵支援，而能一再擊敗靠向匈奴的龜茲、莎車等國，維持漢朝在西域的勢力。

直到六十九歲，班超終於上表朝廷，請求歸國，表文情真意痛：「臣不敢望到酒泉郡，但願生入玉門關。」漢章帝批准了，並任命當時在西域的戊已校尉任尚接替班超的西域都護職位。

【原典精華】

尚謂超曰：「君侯①在外國三十餘年，而小人猥①承君後，任重慮淺，宜有以誨之！」

超曰：「……塞外吏士，本非孝子順孫，皆以罪過徙補邊屯；而蠻夷②懷鳥獸之心，難養易敗。今君性嚴急，水清無大魚，察政③不得下和④，宜蕩佚⑤簡易，寬小過，總大綱而已。」

超去，尚私謂所親曰：「我以班君當有奇策，今所言，平平耳。」

尚後竟失邊和⑥，如超所言。

——《資治通鑑．漢紀四十》

任尚向班超請益，有什麼安定西域的秘訣？

班超說：「會到塞外來的漢人官吏將士，基本上不會是溫柔敦厚的人，多半是犯了罪逃亡或遭流放才來到邊疆。而西域這些外國人，他們跟我們的思考完全不一樣，很難收容教化，卻隨時可以翻臉，很難預測他們的心。閣下的作風嚴格而性子急，要知道水清無大魚的道理，施政太過於察察為明的話（水太清），很難收攬基層人心（魚跑了），建議你睜隻眼閉隻眼，法令簡單易行，不要計較小過失，處理事情抓大綱就好。」

班超走後，任尚對親信說：「我以為班老大總有他獨到的奇策，如今聽他所言，也不怎麼樣！」

四年後，西域各國叛變，圍攻任尚，朝廷派梁瑾率軍五千前往救援，雖然任尚沒等援兵到達就解圍，朝廷仍然將他召回，另派西域都護。

保命通鑑

看班超傳，好像他一直都在打仗，幾乎都採取突擊戰術，可以說殺人無數，談不上「保命」。

然而，班超用火攻、施奇襲，都符合《孫子兵法》的人道精神：**全軍為上，破軍次之；……全伍為上，破伍次之**。也就是，在爭取勝利的過程中，要盡可能保全軍隊的生命，那怕是五個人的小部隊，能保全都要保全。

以前述三個故事為例：如果不是殲滅了匈奴使節團，其結果很可能是自己命不保，甚至可能引起漢匈大戰——漢朝使節團被殺，漢朝丟不起這個面子；如果不是

①君侯：班超封定遠侯。君侯是任尚尊稱班超，猥則是任尚謙稱自己。
②蠻夷：漢人稱西域都是蠻夷。
③察政：施政察察為明。
④下和：基層人心歸附。
⑤蕩：弛放。佚：過失。蕩佚：猶言「睜隻眼閉隻眼」。
⑥和：和平。失邊和：邊境衝突再起。

「一刀砍下巫師腦袋」，很可能免不了要跟匈奴使節團乃至于闐軍隊打一仗，那樣會死非常多人——當機立斷殺一個巫師，保了數百、數千人命；如果不是田慮突如其來的抓住了兜題，收服疏勒國恐不免大動干戈。

而他建議任尚「抓大綱，放小節」，是他非常清楚，「西域人跟漢人的立場不同，心思當然不同，只有在小處不計較，才能讓那麼多利益都不一致的小國（最多時五十個），遇到大事時會一致支持漢朝，也因此避免了動刀兵死人。

15. 外戚、宦官都害不死的奇才——虞詡

東漢的傳奇人物首推虞詡，他一貫不畏得罪權貴，卻能在外戚、宦官夾殺下，仍然步步高昇，一生九次遭斥，三次被下獄，帶兵出征也能建立奇功，擔任地方官更能興利除弊。最令人欽佩的，他那剛正的性格，一直到老都不曾改變。

虞詡最初只是太尉府一名郎中（初級官員），當時的大將軍鄧騭（鄧太后的哥哥）為了西羌（今青海靠近甘肅地區）民變而焦頭爛額，束手無策，想要放棄涼州（今甘肅武威市），以集中力量對付北方的匈奴。

虞詡對太尉張禹說：「一旦捨棄涼州，三輔（大長安市）將成為邊塞，皇家陵寢（東漢建都洛陽，但前漢皇帝都葬在長安）失去保障；萬一關中的英雄豪傑集結造反，函谷關以西將不再是國家所有。」

張禹認為他有理，問他該怎麼辦？虞詡說：「徵召涼州豪傑，命朝中公卿用他們為僚屬；再命涼州地方官（州牧、郡太守、縣令）將子弟送到洛陽，朝廷任命他們為閒散官職，兩者其實都是人質作用，預防叛變。」張禹採納此議，再召集太傅、太尉、司徒、司空等四府會議，與會公卿一致同意。

可是鄧騭卻因此感到沒面子。不久，朝歌（今河南淇縣）鬧民變，變民數千人攻殺縣令，州郡無力鎮壓，鄧騭於是任命虞詡為朝歌縣長。這擺明了是設計陷害，朋友都為他擔心。虞詡笑著說：「立志不求容易，做事不避艱難，乃是臣子的職責。不遇到盤根錯節，就不能識別刀斧的鋒利，這正是我建立功業的關鍵時刻啊！」

【原典精華】

會朝歌賊寧季等數千人攻殺長吏，屯聚連年，州郡不能禁，乃以詡為朝歌長①。故舊皆吊②之，詡笑曰：「事不避難，臣之職也。不遇槃根錯節③，無以別利器，此乃吾立功之秋④也。」

——《資治通鑑・漢紀四十一》

虞詡就任縣長，首先招募勇士，他訂下三級標準，命掾史以下官員各自保舉：犯過行兇搶劫的，屬上等；曾經鬥毆傷人、盜竊財物的，屬中等；無業遊民、不從事生產的，屬下等。共集結了一百多人，虞詡設宴招待，赦免他們全部罪行，命他們混入變民陣營之中，誘使變民進入縣境搶劫，但必須事先通知，縣政府則設下伏兵等待，先後斬殺數百人。虞詡又派遣會縫紉的窮人，投奔變民，為他們縫製衣服，暗中將綵線縫上衣裳。變民穿上以後，有出入縣城市街的，總是被官吏捉拿。變民因此驚駭，相互傳言有神靈保護官府，朝歌於是安定，虞詡也升遷為懷縣令。

後來，西羌攻擊涼州、益州，鄧太后任命虞詡為武都（郡治在今甘肅成縣）太守。數千羌軍在陳倉、崤谷集結，要攔截虞詡。虞詡得報，下令部隊停止前進，宣稱：「我已上疏請求援兵，等到援兵到後，再動身出發。」羌軍聽說，信以為真，於是分別到鄰縣劫掠。虞詡探得羌軍分散，即刻下令出發，日夜兼程前進一百多里。第一天宿營，他下令官

①後漢制度，大縣的首長為縣令，小縣首長為縣長。
②吊：弔。古時字少，用法如憑吊、吊祭。
③槃：木盤。槃根錯節：形容樹木根幹盤繞交錯，以喻事情複雜難解。
④之秋：正處關鍵時刻。用法如多事之秋、危急存亡之秋。

兵每人各作兩口灶，以後每日增加一倍。

有人問虞詡說：「從前孫臏使用過減灶的計策，而您卻增加灶的數量。兵法說，每日行軍不超過三十里，以保持體力，防備意外，而您如今卻每天行軍將近二百里，這是什麼道理？」

虞詡說：「敵軍兵多，我軍兵少，走得慢會被追上，走快則敵軍不能測知我軍底細。敵軍跟在後頭，見我軍的灶數日益增多，必定認為朝廷已派兵前來接應。我軍人數既多，行動又快，敵軍必然不敢來追。孫臏是有意向敵人示弱，而我如今是有意向敵人示強，兩者運用相反，是因為形勢迥異啊！」果然，羌軍疑心虞詡兵力強大，不敢逼近。

虞詡到達武都郡後，檢閱郡兵不滿三千，而羌軍卻有一萬餘人，且已經圍攻赤亭達幾十天之久。虞詡下令，城上不准使用強弩，只准使用小弩。羌人誤認為漢軍弓弩力量弱，射不到自己，便集中兵力猛烈進攻。此時虞詡下令使用強弩，每二十支強弩集中射一個敵人，射無不中。羌軍大為震恐，退卻。虞詡趁勝率領部下出城奮勇追擊，殺傷很多敵人。

第二天，他集合所有部隊，讓他們先從東門出城，在山裡兜一圈，再從北門入城，然後改換服裝，往復多次。羌軍不知城內漢軍數量，益發疑懼。虞詡忖算羌軍必然撤走，便秘密派遣五百餘人在河道淺水處設下埋伏，守候羌軍退路。羌軍果然大舉撤退，漢軍伏兵乘夜截擊，大敗羌軍，斬殺俘虜的敵人數量很多。羌人從此潰敗離散，南逃進入益州。

武都郡位居漢中盆地通往關中地區的要衝，那一段也正是唐朝李白名詩所稱「蜀道之難，難於上青天」。有一段路沿著漢水上游的西漢水河谷，「山道險絕，水中多石，舟車不通」，貨物以驢馬載運走山道，只有五分之一能到達（危險極了）。虞詡整治西漢水峽谷，命軍民砍山上樹木，堆積在水中大石上，燃燒樹木，直到大石赤紅，然後下令用醯（醋酸）澆灌，大石炸開，然後移除水中障礙，開漕通水運，一年省下的運費，可以支持一萬軍隊糧餉。

武都太守政績斐然，虞詡調升司隸校尉，這是一個負責治安與監察的官職，權力很大。可是虞詡卻卯上了皇帝寵信的宦官張防，被誣陷關在廷尉監獄，兩天之中，被傳訊拷打四次。獄吏勸告虞詡自殺以免受苦受辱，虞詡說：「我寧願伏刑人之刀，死於市上，讓遠近的人都知道。如果悶不作聲自殺，是非真相怎麼會大白！」

終於，宦官中反對張防的一派，受到激勵而出面向皇帝檢舉張防。張防被流放到邊疆，他的黨羽尚書賈朗等六人，有的處死，有的罷官，虞詡當天就被釋放，並官復原職。

【原典精華】

防①必欲害之，二日之中，傳考四獄②。獄吏勸詡自引③，詡曰：「寧伏歐刀④以示遠近！唶嗚⑤自殺，是非孰辨邪！」

——《資治通鑑．漢紀四十三》

朝宦既除，司隸校尉復職，虞詡將矛頭轉向「義錢」——一種地方貪官污吏假為窮人儲存之名，而行聚斂之實的不樂之捐。他反映平民百姓的心聲，上疏說：「六百石以上的官吏索取接受義錢，數額甚至達到百萬以上，人民陳情不絕，因繳不出而被判罪，強迫戍邊或罰作勞役的吏民數以千萬計，但三公刺史卻很少對此提出上奏。應該命令司空（漢初的御史大夫後來改稱司空）彈劾考察。」皇帝以詔書轉發虞詡的奏章，嚴厲責備各州郡，老百姓遭謫罰輸贖（罰流放戍邊或勞役代罰金）從此停止。

保命通鑑

虞詡性格剛直，不畏權貴，而他處身帝國衰世，不得不用重典，而不可能當一個愛民如子的循吏（奉法循理的官吏）。他對付朝歌的盜賊土匪用刑殺，對付羌人作亂，當然更是刀槍無眼，從相術的角度看，確屬「積殺孽太多」。

前述故事中的最末一個，卻稱得上「積陰德至厚」——在此之前已經有數千萬人遭到謫罰輸贖，如果不禁止，以後還會有更多人遭遇那樣的惡吏迫害，也就是他一通奏摺，救了千萬個家庭。

①防：張防。
②傳：傳訊。考：通「拷」。獄：廷獄。傳考四獄：廷尉四次傳訊並拷打。
③自引：自殺。
④歐刀：行刑之刀。
⑤喑：音「因」，本意為小兒哭泣。喑嗚：形容哽咽哭不出聲音來。

16. 慧眼識明主——諸葛亮、王猛

由於《三國演義》流傳既廣大又久遠，劉備「三顧茅廬」的故事深植人心，都認為劉備折節謙虛、求才若渴的誠意，才感動了諸葛亮出山，匡贊劉備建立王業。然而，《三國演義》作者羅貫中在小說中安排「孔明出山」共花了四回（全本一百二十回）篇幅，吊足讀者胃口之後，諸葛孔明才現身。如此安排其實蘊藏深意，因為羅貫中看出來，其實是諸葛亮「相」中了劉備，並且耍了手段，讓劉備主動來請他出山，拉高了自己的身價，因而提升了影響力。

史書中，雖不似小說那樣鋪陳，但是也描繪得夠清楚：

【原典精華】

劉備在荊州，訪士於襄陽司馬徽。徽曰：「儒生俗士，豈識時務，識時務者在乎俊傑。此間自有伏龍、鳳雛①。」備問為誰，曰：「諸葛孔明、龐士元②也。」徐庶見備於新野，備器③之。庶謂備曰：「諸葛孔明，臥龍也，將軍豈願見之乎？」備曰：「君與俱來。」庶曰：「此人可就見④，不可屈致⑤也，將軍宜枉駕顧之⑥。」備由是詣⑦亮，凡三往，乃見。

——《資治通鑑．漢紀五十七》

①伏：蟄伏。雛：幼禽。伏龍、鳳雛：形容龍鳳之才尚未嶄露頭角。
②諸葛亮字孔明，龐統字士元。
③器：器重。
④就見：主動拜訪，以示禮遇。
⑤屈致：委屈對方前來。
⑥枉、顧：都是謙詞，徐庶希望劉備放下身段往訪諸葛亮，自己必須低姿態。
⑦詣：往見。

劉備在北方無法立足，投奔荊州牧劉表，請襄陽名士司馬徽推薦人才給他。司馬徽說：「一般庸俗的知識份子哪懂得當今天下大勢？只有俊傑才懂。現在襄陽地區就有尚未嶄露頭角，好比伏龍和鳳雛的俊傑。」

劉備問是什麼人？

司馬徽說：「諸葛亮、龐統。」

當時劉表將劉備安置在新野（今河南南陽市內），作為防備曹操的前哨。徐庶前往進見他，劉備對徐庶非常器重。徐庶對劉備說：「諸葛亮是一條臥龍（尚未飛龍在天），將軍願不願意同他見面？」

劉備說：「當然願意，請你跟他一起來。」

徐庶說：「此人只能閣下主動往訪，不能委屈他來見你，要麻煩將軍登門造訪他。」於是劉備親自拜訪諸葛亮，三次才見到面。（然後就是著名的歷史場景「隆中對」。）

以上是讀史或讀小說都「看到」的部分，且讓我們進入歷史情境。

首先看諸葛亮。

諸葛亮幼年喪父，跟著叔父諸葛玄到了荊州（投奔劉表），和弟弟諸葛均在南陽臥龍岡種田讀書。如此一個外地來的年輕人，怎麼會受到荊州名士圈如此推崇？

當時是東漢末年，原本的政治中心關中和中原都遭戰亂，士人避禍的地方包括益州（今四川）、荊州（今湖北）、河西（今甘肅）、江東（今江浙），荊州的重心在襄陽，聚集了很多士人，他們有些被劉表的執政團隊吸納，但大部分都沒加入荊州執政團隊。

這個荊州的非主流名士社群的領袖人物是龐德公，他是襄陽本地人，可是看劉表不上眼，不求官讓他博得淡薄名位的好名聲，因此很多流亡到荊州的知識份子經常在他家裡聚會，談天說地。

龐德公對幾位特別秀異的人才另眼相看，並且給他們冠以高級綽號：稱司馬徽為「水鏡」（因為他長於識人，以水為鏡能夠清晰看人），諸葛亮為「伏龍」，稱他的姪兒龐統為「鳳雛」。這群人有有志一同——找到一位能夠在亂世開創局面的人物，隨他一起打天下。

至於諸葛亮，他如果想要躋身荊州政壇，其實有著良好條件：他的岳父是黃承彥，岳母是荊州豪族蔡諷的女兒，蔡諷另一個女兒嫁給了劉表，亦即黃承彥跟劉表是連襟，而當時荊州政府的「掌櫃」是他倆的大舅子蔡瑁。簡單說，諸葛亮可以跟著老婆叫劉表一聲「姨丈」，而蔡瑁則是「舅舅」。

以當時各個割據軍閥都求才若渴的情況而言，這麼一個有韜略、有智謀的甥婿，劉表和蔡瑁肯定都很樂於讓他在執政集團中擔任要角。

可是諸葛亮沒有加入荊州政府，甚至跑到臥龍岡去種田，應該是刻意想要避開荊州政壇。也就是說，諸葛亮是「龐德公讀書會」的一員，他同樣不看好劉表——他們有耐心的在荊州等著，而他們等到了劉備。

再來說劉備。

劉備到荊州時，狀況之窘迫實可以「喪家之犬」來形容：劉備最早依附公孫讚，公孫讚被袁紹消滅；可是他運氣好，徐州牧陶謙在公孫讚敗亡之前，請劉備去協防徐州，臨死遺囑將徐州地盤交給劉備；可是劉備守不住徐州，先後被袁術、呂布侵襲，只好投奔曹操；卻又捲進董承謀刺曹操陰謀，遂又跟袁紹結盟；曹操在官渡之戰擊敗袁紹後，親自帶兵攻擊劉備，劉備無力抵抗，往南投奔劉表——簡單說，任何一個「西瓜偎大邊」的勢利眼份子，都不會選擇押寶劉備。

劉表雖然並未看輕劉備，卻不敢讓他留在襄陽，派他去駐守新野（面對曹操的前線）。而龐德公那幫人也看上了劉備，他們設計好讓劉備願意低姿態去敦請諸葛亮出山，包括司馬徽的吹噓和徐庶的推薦——羅貫中想必看穿了他們的心思，於是寫出《三國演義》裡的精彩佈局。小說中，劉備真的是一步步的走進他們設計好的局。

識相通鑑

以上所述，相中劉備是荊州幫的集體智慧，而非諸葛亮個人眼光獨到，是嗎？是，但諸葛亮顯然是荊州幫裡智慧最高的人，這件事他肯定拿了最大的主意，至少，如果他不認為劉備是能夠開創局面的角色，就不會由他來主演這一齣戲。

而隆中對的大戰略也絕非「只要是英雄人物都用得上」——必須是劉備領導、諸葛亮輔佐才能成功。也就是說，如果不是劉備，而有另一位頂尖角色出現，諸葛亮很可能向「他」提出另外一個版本。

無論如何，諸葛亮「相」對了劉備，也幫劉備量身打造了那個三分天下的大戰略，更能自己執行，實現那個大戰略。

諸葛亮當然是了不起的人物，但他仍然需要運氣——如果劉備始終沒到荊州來，諸葛亮能怎樣？而歷史上，跟諸葛亮同樣慧眼識英雄，同樣運氣好，得遇明主且輔佐明主建立霸業的，還有一位王猛。

王猛是東晉時北方五胡十六國時期人，出身貧家，但博學而好兵書，生活不拘小節，士族中人瞧不起他，只有一位徐統非常器重他。徐統當時在後趙（羯族石勒建立的帝國，一度統一北方）官居司隸校尉，有知人（識才）的名聲。他邀請王猛加入他的幕僚群，王猛沒答應，跑到華陰山中隱居。

東晉桓溫北伐，一路打進關中，屯軍灞上（長安城外灞水西邊的高地）。王猛穿著粗布衣服去見桓溫，兩人交談時，王猛邊摸衣服上的虱子捏死，邊高談闊論時局，旁若無人。

【原典精華】

（王猛隱居華陰山中）聞桓溫入關，被褐①詣之，捫虱②而談當世之務，旁若無人。

溫異之③，問曰：「吾奉天子之命，將銳兵十萬為百姓除殘賊，而三秦④豪傑未有至者，何也？」

猛曰：「公不遠數千里，深入敵境。今長安咫尺，而不渡灞水，百姓未知公心，所以不至。」

溫嘿然⑤無以應，徐曰：「江東⑥無卿比⑦也！」

——《資治通鑑・晉紀廿一》

桓溫對王猛另眼相看，問他：「我奉天子之命帶領十萬精兵北伐打到這裡，關中豪傑為什麼都沒有人響應？」

王猛說：「閣下進軍數千里，深入敵境，卻停在這個地方，不肯渡過灞水進長安，關中人民不曉得你心裡打的什麼算盤，所以不來迎接王師啊！」

桓溫一時語塞，無法回答，然後勉強出聲：「我們江東沒有可以跟你相提並論的人物。」一聘請他當軍謀祭酒（首席隨軍參謀）。

事實上，當時關中百姓很多人流著眼淚、簞食壺漿以迎王師，但桓溫不想攻城（攻城傷亡大），同時考慮軍糧不濟，想要等關中麥熟，收割麥子，繼續對峙。但為前秦識破，不等麥熟就搶割麥子，堅壁清野。

桓溫軍隊缺糧，沒辦法只好撤軍，並將關中三千餘戶遷徙往南。他提出聘請王猛為高

①被：音義皆同「披」。褐：褐衣，粗布衣服。
②捫：摸。捫蝨：將衣服上的虱子摸下來捏死。
③異之：另眼相看。
④三秦：關中地方。
⑤嘿然：語塞，無法回答。
⑥江東：指東晉。
⑦比：此處用法，破音字，音「必」，相提並論。

官督護（晉軍的高級將領職銜），隨同南歸。王猛回到山中問老師意見（史書沒說他的老師姓名），老師說：「你怎麼跟桓溫一道！要求富貴，此地就有，何必去南方？」王猛就沒有追隨桓溫南歸。

前秦苻堅將要崛起，聽說王猛有謀略，派人去請他出山，王猛跟苻堅一見如故，兩人暢談天下大勢，相見恨晚，史書記載「如玄德之遇孔明」。

但本質上大不相同。如前所述，劉備是「被」荊州幫相中的，而苻堅是主動去邀請王猛的，而且還沒有「三顧茅廬」。但無論如何，王猛沒有跟徐統、沒有跟桓溫，卻跟了苻堅——他看中苻堅是一位英雄之主。

識相通鑑

徐統只是一個大官；桓溫有實力也動念想要篡位，但終究沒能成功；而苻堅能夠統一北方，成為五胡亂華時期最偉大的帝王——王猛果然「識相」。

王猛輔佐苻堅，君臣如魚得水，可惜天不假年，王猛五十一歲時去世，臨終勸苻堅不要攻打東晉，而要提防鮮卑和羌人。苻堅做了相反的事情：發動百萬大軍攻打東晉，卻在淝水之戰遭遇慘敗；之後，後燕慕容垂叛變、後秦姚萇殺害苻堅——分別是鮮卑和羌族，都印證了王猛的「識相」。

去梯言：諸葛亮自保兼保劉琦

荊州牧劉表有兩個兒子：劉琦、劉琮，劉表的續弦蔡夫人無子，可是她的姪女嫁給了劉琮，因此蔡夫人喜愛劉琮，而排斥劉琦。蔡夫人的弟弟蔡瑁與劉表的外甥張允在荊州政府中掌權，他倆跟蔡夫人同一陣線。

劉琦發現他的處境日益險惡，深為不安。就去拜訪諸葛亮，請他指點迷津。可是諸葛亮明白，四處都是蔡瑁的眼線，他絕對不想被捲進奪嫡鬥爭，因此總是閉口不言。

有一天，劉琦邀請諸葛亮登上高樓。兩人上了樓以後，劉琦命人抽去樓梯，對諸葛亮說：「現在上不接天，下不著地，話出自你口，入我一人之耳，你可以放心說了吧。」

諸葛亮說：「你難道不記得，申生留在國內遭到危害，重耳流亡在外乃得安全嗎？」劉琦頓時開悟，找機會離開襄陽。

諸葛亮說的，是春秋時代的故事。晉獻公娶驪姬，生子奚齊，驪姬想要立奚齊為太子，因此千方設計陷害太子申生，終於逼得申生自殺。而公子重耳因為戍守外地，乃得出奔國外，後來回到晉國，當了國君，就是春秋五霸之一的晉文公。

諸葛亮作了貼切的比喻，劉琦乃決定效法重耳，向老爸提出，自願前往駐守江夏（今湖北武漢市），劉表大喜（解除了蔡夫人長期施壓），立即發表劉琦為江夏太守。

後來曹操大軍南下荊州，劉琮獻城投降，劉備帶著自己的軍隊逃到江夏跟劉琦會合，才有資本跟孫權聯手打一場漂亮的赤壁之戰——都賴當時諸葛亮向劉琦獻的策，保了命也保住反攻的力量。

17. 婉言救不了蠢皇帝——和嶠、樂運

西晉堪稱中國歷史上政風最糟的朝代，貴族與官員競富、貪墨、奢侈，皇族更相互攻伐（八王之亂），然而，西晉的開國皇帝晉武帝司馬炎其實很能幹，胸襟也頗寬闊。

【原典精華】

帝問劉毅曰：「朕可方①漢之何帝？」

對曰：「桓、靈。」

帝曰：「何至於此？」

對曰：「桓、靈賣官錢入官庫，陛下賣官錢入私門。以此言之，殆②不如也！」

帝大笑曰：「桓、靈之世，不聞此言，今朕有直臣，固為勝之。」
——《資治通鑑．晉紀三》

晉武帝司馬炎在主持祭天大典之後，對自己的歷史定位有所感，於是問司隸校尉劉毅：「我可以比擬漢朝哪個皇帝啊？」

劉毅回答：「可比擬東漢的桓帝和靈帝。」

史家的公論，東漢就是壞在桓靈兩朝，「桓靈」在魏晉南北朝的評價，大約跟春秋、戰國時對「桀紂」的評價差不多。因此，晉武帝當然不服氣，「（我就算再差）不至於到那個程度吧！」

劉毅說：「桓靈賣官，錢進入官庫，陛下賣官，錢進入自己口袋。以此觀之，恐怕還不如咧。」

晉武帝大笑，「桓靈的年代可聽不到如此言論，我現在有你這樣的直臣，肯定比他強。」

確實，劉毅這種言論若是對著東漢桓帝、靈帝出口，腦袋肯定搬家。對比之下，晉武帝寬宏大量多了。可是，西晉卻因為晉武帝的繼承人實在太蠢，引致八王之亂而致王朝短命。問題來了，劉毅那樣的直臣到哪去了？

司馬炎的蠢兒子就是中國史上頭號蠢皇帝晉惠帝司馬衷（說出「何不食肉糜」那位），而且不只司馬衷，司馬炎的其他兒子也都不是材料。

中書令和嶠對武帝說：「皇太子有古人之風，而現在的人多半虛偽，將來恐怕撐不起局面。」晉武帝聞言默然（因為沒得換）。

之後，武帝對和嶠和中書監荀勗等中書省官員說：「我看太子最近稍微有些長進，你們一同去見他，看看怎樣。」眾人於是覲見太子。

回到中書省，荀勗等人說：「誠如陛下所言，太子的見識和度量都大有長進。」

和嶠則說：「太子跟以前一樣。」

武帝聽了大不高興，站起來就走。

等到司馬炎薨逝，晉惠帝即位，任命和嶠為太子少傅、少保，輔佐太子司馬遹。

有一次，和嶠隨同太子朝見皇帝。皇后賈南風教晉惠帝問和嶠：「你昔日曾經說我不能承擔國事，現在你怎麼說啊？」

---

①方：比擬。
②殆：大概。

和嶠回答：「臣過去服侍先帝，的確說過這樣的話。我的話沒有實現，是國家之福啊！」

【原典精華】

初①，和嶠嘗從容②言於武帝曰：「皇太子有淳古之風③，而末世④多偽，恐不了⑤陛下家事。」武帝默然。

後與荀勗等同侍武帝，武帝曰：「太子近入朝差⑥長進，卿可俱詣之，粗及世事⑦。」既還，勗等並稱太子明識雅度，誠如明詔⑧。嶠曰：「聖質⑨如初。」武帝不悅而起。

及帝即位，嶠從太子遹入朝，賈后使⑩帝問曰：「卿昔謂我不了家事，今日定如何？」嶠曰：「臣昔事先帝，曾有斯言；言之不效⑪，國之福也。」

——《資治通鑑．晉紀四》

揣摩通鑑

什麼叫做「淳古之風」？那是「不曉世事」的委婉措辭；什麼是「陛下家事」？皇帝的家事就是國事；什麼叫「聖質如初」？太子還是跟以前一樣愚笨——這些都是「曲言婉轉」，司馬炎當然聽得懂，而且心裡明白和嶠說的是實話，所以只能「默然」，只能「不悅而起」，畢竟他是個寬宏之主，不會聞過則怒。

而和嶠的曲言婉轉卻不是鄉愿，也不是如荀勗那幫人的諂媚之詞，而是他知道，皇帝不想易儲，但是因為太子著實愚笨而苦惱。和嶠揣摩出晉武帝的心思，可是他的能力卻到此為止，他沒有諸葛亮那樣的本事，輔佐劉禪（阿斗）那樣的皇帝仍能維持

①初：之前。
②從容：非正式場合。
③淳古之風：如古人般風範淳厚。
④末世：現代。
⑤不了：無法承擔。
⑥差：稍微。
⑦粗及：有一些瞭解。粗及世事，表示原來完全不瞭解世事。
⑧明詔：皇上的英明詔示。
⑨聖：太子是皇位繼承人，故稱「聖」。聖質：太子的資質。
⑩使：指使。
⑪不效：沒有應驗。

鼎足三分局面於不墜。這正是本章標題的意思，直臣直言只能對英明之主有效，遇到暴君肯定性命不保，碰到愚蠢皇帝雖然得免一死，卻救不了國家。

另一個同質的故事發生在南北朝的北周。北周武帝宇文邕滅了北齊，完成了父親北周太祖宇文泰的遺志，可是他的太子宇文贇卻是個品行不端的貨色，他為此而苦惱，更令他困擾的，是百官多數是阿諛之輩，聽不到直言。

當時朝中的「稀有動物」是樂運，他最初擔任露門學士（太學生進入官場的初級文學官），就多次對皇帝犯顏直諫，都得到宇文邕採納，並且特許他可以越級直接上奏。之後他被任命為萬年縣丞（大長安下轄四縣之一，縣丞相當副縣長），也以打擊地方豪強著稱。

一次，周武帝出巡，將樂運召來。君臣交談間，皇帝問：「你覺得太子是怎樣的材料？」

樂運說：「中人。」

宇文邕轉頭對隨行的弟弟宇文憲說：「滿朝文武都只會拍我馬屁，說太子聰明睿智，只有樂運說的是忠言。」

武帝再問樂運：「怎麼樣稱為中人？」

樂運回答：「好比齊桓公，管仲當宰相就成為諸侯霸主，宦官豎貂輔佐就國家大亂。中人可以為善，也可以為惡。」

武帝說：「我知道了。」於是特別挑選東宮的幕僚，以輔佐太子，並擢升樂運為京兆丞（京師副首長），但太子因此對樂運非常不爽。

【原典精華】

帝嘗問萬年縣丞樂運曰：「卿言太子何如人？」

對曰：「中人。」

帝顧謂齊公憲①曰：「百官佞我，皆稱太子聰明睿智。唯運所言忠直耳。」因問運中人之狀②。對曰：「如齊桓公是也：管仲相之則霸，豎貂③輔之則亂，可與為善，可與為惡。」

①宇文憲隨宇文邕滅北齊，封爵齊公。
②狀：情形。中人之狀：所謂「中人」是什麼情形？
③豎貂：齊桓公的佞臣，自閹以入宮。

帝曰：「我知之矣。」

乃妙選④宮官⑤以輔之。仍擢運為京兆丞。太子聞之，意甚不悅。

——《資治通鑑．陳紀五》

樂運說的是忠言，措辭卻是「婉言」——他比和嶠說得更迂迴，和嶠直接說「太子將來恐怕無法承擔國事」，樂運則轉彎說「好人輔佐就稱霸，壞人輔佐就大亂」。

但事實上，太子宇文贇是個本性邪惡的貨色，根本不接受任何善言勸誘，更甭說勸諫。宇文邕薨逝，宇文贇即位為北周宣帝，老爹的棺柩還擺在靈堂，他已經要老爹的後宮嬪妃陪他上床。

如此貨色，縱使管仲復生來輔佐他也沒用，更甭說婉言勸諫了。樂運載著棺木到宮門進諫，細數皇帝八項缺失，這次措辭直白，宣帝大怒要殺他，眾大臣噤聲不敢言語。內史（相當教育部副司長）元巖採用反向說法：「樂運就是想盜取後世之名，陛下何必成全他？」才免了一死。如此一位縱慾荒淫的皇帝，即位第一年就不想幹了，傳位給兒子，兒子也只當了兩年皇帝，就被楊堅（隋文帝）篡奪。

司馬懿：裝病將死方得翻身

三國曹丕篡漢建立魏國，死後傳位兒子魏明帝曹叡，曹叡在位十二年，臨終將太子曹芳託孤給大將軍曹爽和太尉司馬懿。

曹芳當年七歲，由太后主政。曹爽是曹操的姪孫，曹叡的堂兄弟，當然得到太后的充分信任。而曹爽處處防著司馬懿，只要抓到口實，就會下手除去司馬懿。司馬懿發現處境艱險，乾脆稱病在家休養。但曹爽對他始終不放心，經常派人刺探。

一次，曹爽的心腹李勝出任荊州刺史，曹爽示意他去向司馬懿辭行。司馬懿對李勝的來意心知肚明，在接見時，由兩名婢女攙扶著，自己坐在床上（當時人睡的是「榻」，坐的是「床」），用手拿衣服，拿不住掉在地上，口渴，婢女送上一碗粥，喝粥時，粥汁又都順著口角流到胸前。

④妙選：選擇最好的。
⑤宮官：太子宮的屬官。

看到司馬懿如此衰朽不堪，李勝假惺惺地流淚說：「主上尚幼，天下人都依賴明公，過去只聽說您重病復發，卻沒想到病得這麼嚴重。」

這時，司馬懿長吁了一口氣說：「我年老沉疾，危在旦夕。你要去并州（今山西、河北北部），那裡離胡人很近，好自為之，恐怕我們不能再見面了。」

李勝連忙糾正說：「我是赴任本州（李勝家鄉荊州），不是并州。」司馬懿仍然裝作昏聵，只反覆的說「以後恐怕再也見不到面了」。

李勝從司馬懿家出來，馬上去見曹爽，「司馬懿言語錯亂，吃東西入不了口，指南為北，肯定活不長了。」從此，曹爽不復以司馬懿為意，肆無忌憚地恣意弄權。

隔年正月，小皇帝曹芳到高平陵（曹叡陵墓）去祭拜，曹爽兄弟都隨駕出行。司馬懿逮著機會在城中發動軍事政變，占據武庫（禁軍兵器庫），控制了都城，就此掌控魏國大權。後來他逼死曹爽，廢黜小皇帝曹芳，另立一個傀儡小皇帝曹髦，他的孫子司馬炎掌權時篡魏，建立晉朝。

18. 當皇帝問出這個問題——石勒、慕容德、宇文泰

前章，晉武帝司馬炎問劉毅「我是怎樣的皇帝」，這跟第一章魏文侯問群臣「我是怎麼樣的一個君主」一樣，是對眼前大臣的一次隨堂考，所有人都要在幾秒鐘之內，揣摩老闆這句話是什麼意思？

五胡十六國的紛亂時代中，第一位稱霸北方的後趙高祖石勒傾心漢文化，倚重漢人謀臣張賓、徐光，稱帝之後志得意滿。在接見高句麗使節，大宴文武百官的場合，石勒問徐光說：「我可以比擬古代何等君主？」

徐光回答：「陛下英明神武更兼謀略高深，這兩項都超過漢高祖劉邦，劉邦以後的君主，無人可比！」

石勒笑說：「人豈能沒有自知之明？你的誇獎太過了。我如果遇上劉邦，甘願向他稱

臣，跟韓信、彭越等人比肩而立；如果遇上東漢光武帝劉秀，就跟他在中原驅馳爭先，不知鹿死誰手。大丈夫行事光明磊落，要跟日月一樣清澈明亮，無論如何不會效法曹操、司馬懿，欺負人家孤兒寡婦，如狐狸般奸詐偽飾以奪取天下。」

【原典精華】

趙主勒大饗群臣，謂徐光曰：「朕可方自古何等主？」

對曰：「陛下神武謀略過於漢高，後世無可比者。」

勒笑曰：「人豈不自知！卿言太過。朕若遇漢高祖，當北面事之，與韓、彭①比肩；若遇光武，當並驅中原，未知鹿死誰手。大丈夫行事，宜礌礌落落②，如日月皎然，終不效曹孟德、司馬仲達③欺人孤兒、寡婦，狐媚④以取天下也。」

群臣皆頓首稱萬歲。

——《資治通鑑·晉紀十七》

識相通鑑

上述故事在徐光是隨堂考，而徐光在第一時間揣摩不出石勒的意思，只能採取最安全方式表達。但是他的回答已經能列入「高段馬屁」——石勒的天下是自己一刀一槍打下來的，將原本最強的前趙（**匈奴族劉淵建立**）以及當時其他割據勢力逐一消滅，而劉邦跟項羽對抗還得號召諸侯反抗項羽，說他「高於劉邦」，不算是瞎拍馬屁。

但石勒自己是想好答案才問問題的。那是一個接見外邦使者的國宴場合，他先舉韓信、彭越的例子，而不說蕭何、張良，就明確定位了自己「是老闆，不是幕僚」，更因為他起家過程曾經隸屬於前趙，也接受過劉琨（**與祖逖齊名的漢人反抗軍領袖**）的封號，所以他藉這個場合講清楚，「我的天下是打下來的，不是篡奪來的」。

此外，曹操、司馬懿其實沒有篡位，是他倆的兒子、孫子篡位，可是石勒豈能拿自己跟曹丕、司馬炎相比？當然要跟曹操、司馬懿比。

對高句麗使節說「我是打來的天下」，屬於國際輿論導向，而自己說「不如劉

---

①韓、彭：韓信、彭越。楚漢爭霸時，跟劉邦的關係介於部屬與盟友之間。
②礧：音義皆同「磊」。礧礧落落：光明磊落。
③曹操字孟德，司馬懿字仲達。
④狐媚：原意是「狐魅」，比喻像狐狸一樣奸詐偽飾。

邦，不輸劉秀」，就是針對文武大臣了——別以為我是胡人、羯奴，我非常瞭解中國歷史，你們都要「識相」，既要看清楚皇帝我的英明神武，也不要瞎拍馬屁。

石勒之後稱霸北方的是苻堅。苻堅在淝水之戰慘敗，北方又陷於分裂，一度稱雄的是後燕（鮮卑慕容氏）。後燕被北魏（鮮卑拓拔氏）消滅，慕容德（南燕獻武帝）繼起，建立南燕跟北魏對抗。

慕容德設筵宴請群臣，酒酣耳熱，慕容德問群臣：「我可以比擬古代何等君主？」

【原典精華】

南燕主備德①宴群臣於延賢堂，酒酣，謂君臣曰：「朕可方自古何等主？」

青州刺史鞠仲曰：「陛下中興聖主，少康②、光武之儔③。」

備德顧左右賜仲帛千匹，仲以所賜多，辭之。

備德曰：「卿知調④朕，朕不知調卿邪！卿所對非實，故朕亦以虛言賞卿耳。」

韓範進曰：「天子無戲言。今日之論，君臣俱失。」備德大悅，賜範絹五十匹。

青州刺史鞠仲對這個隨堂考的回答是：「陛下是中興聖主，跟少康、劉秀是同一類。」慕容德回頭吩咐左右，賞賜鞠仲綢緞一千匹，鞠仲被如此厚重賞賜嚇到，急忙辭謝。慕容德說：「你可以調侃我，我不會調侃你嗎？你不說實話回答，所以我也虛言賞賜你。」也就是說，剛剛說的「一千匹綢緞」沒了。

中書令（宰相級）韓範正經的說：「古有明訓，天子無戲言。今天的事情，君臣都不對。」慕容德對此大為高興，賞賜韓範綢緞五十匹。

「天子無戲言」的典故出自《史記・晉世家》：周成王跟幼弟叔虞玩耍，拿一片桐葉假裝玉圭給叔虞，「這個封你。」史官當場要成王定下日期封叔虞。成王說：「我跟他鬧著玩的。」史官說：「天子無戲言，話一旦出口，『史書之，禮成之，樂歌之』。」成王不得

——《資治通鑑・晉紀卅四》

①備德：慕容德後來改名慕容備德。
②少康：夏朝少康中興。
③儔：同類。
④調：破音字讀「條」，此處做「戲弄」解，用法如「調侃」。

已，將叔虞封到唐國，成為春秋晉國的始祖。

韓範是慕容德最信任的宰相，他也最瞭解慕容德。慕容德內心當然想做「中興之主」，但是形勢比人強，南燕肯定不是北魏對手，慕容德心底清楚，所以說鞠仲是調侃他。然而，慕容德雖然復國無望，卻仍然煞有介事稱帝，韓範瞭解他的心理，這句「天子無戲言」表面看起來是直言進諫，本質上也算高段馬屁。

北魏是後趙石勒、前秦苻堅之後，第三個統一北方的胡人帝國，並且跟南方宋、齊、梁、陳長期對峙，是為南北朝時代。北魏後來分裂為西魏、東魏，又分別被北齊、北周篡奪。北周的開國始祖宇文泰，也問過同一個問題。

【原典精華】

（宇文泰）從容問劉璠曰：「我於古誰比？」

對曰：「璠常以公為湯、武①，今日所見，曾②桓、文③之不如！」

泰曰：「我安敢比湯、武，庶幾④望伊、周⑤，何至不如桓、文！」對曰：「齊桓存三亡國⑥，晉文不失信於伐原⑦。」

語未竟⑧，泰撫掌⑨曰：「我解爾意，欲激我耳。」乃謂循⑩曰：「王欲之荊，為之益⑪？」循請還江陵⑫，泰厚禮遣之。

——《資治通鑑．梁紀二十》

南梁帝國發生侯景之亂，叛軍攻進建康，梁武帝蕭衍餓死在宮中。蕭衍的兒子湘東王蕭繹率軍反攻，侯景不敵，逃亡中被殺，蕭繹即位為梁元帝。戰亂中投降西魏以求自保的

①湯、武：商湯、周武王都是上古討伐暴君的開國君主。
②曾：破音字讀「層」，此處作「竟然」解。
③桓、文：春秋五霸中的齊桓公、晉文公。
④庶幾：差不多。
⑤伊、周：伊尹輔佐商湯，周公輔佐成王。
⑥齊桓公稱霸期間，濟弱扶傾，曾經讓魯、衛、邶三國復國。
⑦晉文公包圍原國，命軍隊攜帶三天糧食，三天後，文公下令解圍，諸將說：「原國就快投降了。」晉文公說：「維持對將士的誠信，比得到原國更重要。」晉軍退後三十里，原國聽說此事，向晉文公投降。
⑧竟：完全。語未竟：話沒說完。
⑨撫掌：搓著雙手。
⑩循：蕭循。南梁宗室，封宜豐侯、隨郡王。
⑪荊州：今湖北。益州：今四川。
⑫江陵：荊州州治，今湖北荊州市內。

蕭循，向西魏幕府大將軍宇文泰請求南歸，宇文泰口頭答應，可是遲遲不放他走。

一天，宇文泰跟蕭循的參軍劉璠閒聊，宇文泰問：「我可以比擬古時候什麼人？」

劉璠說：「我過去總認為你是商湯、周武王，現在看起來，還不如齊桓公、晉文公。」

宇文泰說：「我哪敢比擬商湯、周武王，大概跟伊尹、周公差不多，但不至於連齊桓公、晉文公都不如吧！」

劉璠說：「齊桓公濟弱扶傾，保全了三個諸侯國，晉文公在攻原國時，信守承諾。」

話聲未落，宇文泰就搓著雙手說：「好了，好了，我知道你這是激將法。」

於是宇文泰問蕭循：「大王想去荊州，還是益州啊？」

當時南梁政局非常不穩，去荊州意味著選擇梁元帝蕭繹，去益州則是選擇另一位稱帝的蕭紀。蕭循表示願意去江陵（荊州），宇文泰致贈厚禮護送他南歸。

識相通鑑

本章三位皇帝（宇文泰並未篡位，後來兒子追謚他為北周太祖）都是胡人，而且都是非常喜歡漢文化的皇帝，或許因此而特別在意自己的歷史評價。

而三位漢人大臣都是「識相高手」，徐光、韓範、劉璠都非常瞭解他們面對的老闆在想什麼：徐光捧石勒看似拍馬，其實恰到好處；韓範表面上直言進諫，卻能讓慕容德博取納諫名聲，還內心暗爽；劉璠在西魏被視為漢人名士得到禮遇，因此他跟宇文泰大談古人典故，包括湯武、伊周、齊桓、晉文，還能以言語「擠兌」宇文泰，幫助蕭循回國。

19. 以柔道壓制軍閥——謝安vs.桓溫

前面提到桓溫北伐，後來回去想篡位沒成功。事實上，桓溫當時手握重兵，東晉朝廷沒有人可以跟他抗衡，就靠一位手無縛雞之力的文人謝安，用「柔道」對付桓溫，後來更領導東晉在淝水之戰贏了苻堅。

簡單說一下東晉前期（一百零二年的前五、六十年）的情況：永嘉之禍匈奴劉曜攻陷洛陽，開啟五胡十六國亂局，晉元帝司馬睿在建康（今江蘇南京市）即位，史稱東晉。

晉元帝得到門閥的支持得以穩定政局，因此政權掌握在王、謝、庾、殷等南渡的僑寓世族手上；而江南土著豪族周、孫、顧、陸（都是三國吳國的巨室）不甘受排擠，因此發生了好幾次軍事叛變，結果讓軍閥介入朝政有了空間——桓溫是代表人物。

東漢後期到魏晉時，士人圈流行品人學（最廣為人知的故事，是許劭說曹操「治世之能臣，亂世之奸雄」）。桓溫出生不滿周歲，父親的好朋友溫嶠看見這嬰兒根骨不凡，說：「讓他哭幾聲聽聽看。」就拍打他一下。桓溫哭聲很響亮，溫嶠說：「真英物也（真是好材料啊）！」溫嶠是當時名士，因為得到溫嶠的讚賞，所以取名「溫」——這是成語「初試啼聲」的典故。

桓溫跟當時權臣庾亮的弟弟庾翼很要好，兩個人總是以匡復晉室大業相勉勵。庾翼一再向晉明帝推薦桓溫，庾翼去世後，桓溫接替他的都督荊梁四州軍事位置，掌握重兵，成為東晉在長江中游的方面大將。

桓溫先將目標指向西方的益州（今四川）。五胡亂華割據益州的是氐族李雄建立的成漢帝國，而當時李雄已死，成漢又經過接連幾番軍事政變，內部不穩有機可乘，桓溫決定西征。大軍經過諸葛亮布置八陣圖的魚腹浦時，將領們只看到一堆堆石頭，桓溫說：「這是常山之蛇陣勢。」常山之蛇陣法首見於《孫子兵法》，以此見得桓溫通兵法。而他那次西征大成功，滅了成漢，將蜀地收歸東晉版圖，個人威望也達到高點，封征西大將軍、臨賀郡公。

桓溫接著上疏請求北伐。在此之前，祖逖、庾亮兄弟都曾發動北伐行動，但是都不成功。桓溫聲望如日中天，建康朝廷對他非常忌諱，重用揚州刺史殷浩與之抗衡。殷浩得到朝廷支持，兩度率軍北伐，第一次無功而返，第二次大敗而回，被桓溫上疏彈劾，黜為庶人。然後桓溫展開三次北伐，第一次打進了關中（也就是王猛去見他那一次），因為軍隊缺糧而撤軍；第二次收復洛陽，修謁西晉皇陵，卻不再進軍，回到建康，上疏請求「還都」洛陽。

但是掌握東晉朝廷的那些高門世族卻只以維持眼前權力與利益為滿足，遷都意味著動盪與不可知的變數。他們認定一旦遷都桓溫必將掌握大權，彼此之間的相對位置必然對調，因此否決了還都的提議。

事實上，他們的顧慮完全正確，桓溫想的正是「禪讓」，畢竟曹丕、司馬炎的事例當時還是「近代史」。而桓溫想要取得「受禪」的正當性，需要建立更大的軍事勝利，於是他發動了第三次北伐，目標是前燕（鮮卑慕容氏建立）。北伐軍初期順利，推進到距離前燕京城鄴城（今河北邯鄲市）不到百里的枋頭（今河南鶴壁市內），卻遭到前燕軍迎頭痛擊，敗回南方。

桓溫北伐失敗，以戰功順勢受禪的計畫不成，但是當皇帝的念頭卻更急切，曾經撫摸著枕頭嘆息說：「大丈夫如果不能流芳百世，也該遺臭萬年啊！」

【原典精華】

（桓溫）陰蓄①不臣②之志，嘗撫枕歎曰：「男子不能流芳百世，亦當遺臭萬年！」

——《資治通鑑．晉紀廿五》

所謂「流芳百世」，是他能夠匡復故土，然後取代頹廢的晉王室，建立一個新王朝；而「遺臭萬年」就是當一個篡位的君主（如王莽、曹丕、司馬炎等）。

既然不在乎遺臭萬年，他就開始一步一步進行他的篡奪計畫：先廢了他一手擁立的皇帝司馬丕（晉廢帝），改立司馬昱（晉簡文帝），簡文帝則「恩賜」桓溫可以坐轎子上殿（理由是桓溫的腳不方便）。接著剷除擋在路上的阻礙，包括地位崇高的太宰武陵王司馬晞和一干反對他的、不甩他的朝臣，都被打成「謀反」而誅殺。

①陰：暗中。蓄：懷有。

②不臣：叛變。以桓溫的情況，意指篡皇位。

東晉朝廷中那些只會清談的名士人人自危，他們都寄望於一個人：謝安。

謝安自幼即負盛名，可是他一直不肯做官，隱居在會稽郡（今浙江紹興市和寧波市的一部分）的東山，讀書寫字，遊山玩水，逍遙自得。東晉士大夫圈子都看好他終將擔當大任，相互間說：「謝安不出來，天下蒼生怎麼辦？」

簡文帝司馬昱在擔任司徒（宰相）時，對謝安終將出來做官很有信心，「謝安既然與人同安樂，就一定會與人同憂患，總有一天會應朝廷的徵召。」

桓溫第二次北伐前，邀請謝安加入參謀群，謝安答應了，桓溫意外驚喜，兩人竟日相談甚歡。謝安辭出後，桓溫對左右說：「你們看見了嗎？我有如此高尚的幕僚！」

【原典精華】

謝安少有重名，前後徵辟①，皆不就，寓居會稽，以山水、文籍自娛。雖為布衣，時人皆以公輔②期之，士大夫至相謂曰：「安石不出，當如蒼生何！」司徒昱聞之，曰：「安石既與人同樂，必不得不與人同憂，召之必至。」

※ ※ ※

大將軍桓溫請為司馬③，既到，溫甚喜，言生平，歡笑竟日。
既出，溫問左右：「頗④嘗見我有如此客不⑤？」

——《資治通鑑．晉紀廿三》

但是謝安並沒有隨桓溫出征，理由是弟弟謝萬病逝，調任吳興太守，方便辦理後事。桓溫大軍出發後不久，謝安又調任侍中、中護軍，前者參贊機要（地位略次司徒），後者掌管禁軍，實質影響力正是士大夫期待的「公輔」（實質掌握政軍大權）。

桓溫立簡文帝為傀儡，誅除政敵包括皇族和巨室，聲勢烜赫，氣焰高張。

謝安遠遠看到桓溫，下拜叩頭，桓溫吃驚的說：「安石（謝安字安石），你這算什麼？」

謝安說：「哪有君王叩拜，而臣子反而作揖之理？」姿態低到不能再低。

①辟：授官。徵辟：徵召出任官職。
②公輔：宰相的代稱。
③司馬：高級軍事參謀。
④頗：原意為「非常」，此處為加強語氣用。
⑤不：讀音與意思皆同「否」。

簡文帝降詔，任命桓溫為丞相、大司馬，要他留在京師輔政。可是桓溫堅決辭讓，回到大本營姑孰（今安徽當塗縣，距南京四十公里），將首席參謀郗超留在京師，擔任中書侍郎，可以看到所有皇帝文書，百官對這位桓溫的代理人都十分敬畏。謝安跟左衛將軍（當時禁衛軍兩個統帥之一）王坦之曾經一同拜訪郗超，等到天色已晚，仍沒有獲得接見，王坦之很火大要回去，謝安說：「你就不能為了性命而忍耐片刻嗎？」

隔年，簡文帝駕崩了，病情緊急時，連發四道詔書召見桓溫，桓溫在狀況不明之下，全都推辭（不敢進京）。擬好的遺詔寫著：「大司馬可比照周公攝政史例處理。小娃兒（指太子司馬曜）可輔則輔之，若不可，閣下就自已取而代之。」

王坦之（時任侍中）拿著遺詔進宮，當著簡文帝的面將之撕毀，然後改寫為：「家國大事一律稟告大司馬決定，仿照諸葛亮、王導前例。」（諸葛亮輔佐劉阿斗故事不贅。王導輔佐東晉元帝、明帝，明帝崩逝，太子司馬衍即位為晉成帝，年幼，一切政事由王導專斷。）

人在姑孰的桓溫原本盼望簡文帝會在臨死前禪位給他，至少也會讓他攝政，卻只等到這麼一封遺詔，認定是王坦之和謝安搗鬼，心中銜恨。因此當新皇帝（晉孝武帝司馬曜）詔令謝安去姑孰徵召桓溫入輔朝政，桓溫再度推辭，之後卻宣布自已將於明年二月入覲。

先不奉詔，然後自己宣布進京日期，這個動作散發出濃濃的「不臣」味道，建康城內謠言紛紛，人心惶恐。孝武帝命謝安、王坦之前往迎接桓溫，王坦之非常害怕，謝安卻神色不變，說：「晉朝皇室的存亡，就看我倆這一趟了。」

桓溫大軍駐紮在建康城外的新亭，大肆展現軍威，擺開場面接見百官，那些位高有名望的都懾於軍威而失色。王坦之汗如雨下，內衣全濕，連手中笏版都拿倒了。

謝安則從容就坐，對桓溫說：「諸侯的職責是防止四方敵人入侵，閣下哪裡需要在牆後埋伏人馬（防備自己人）呢？」

桓溫聽了，笑著說：「因為不得不如此啊！」命左右傳令撤去武裝人員，跟謝安從午前談笑到午後。

【原典精華】

（皇帝命謝安、王坦之迎接桓溫）……坦之甚懼，安神色不變，曰：「晉祚①存亡，決於此行。」

溫既至，百官拜於道側。溫大陳兵衛，延見朝士，有位望者皆戰慴②失色，坦之流汗沾衣，倒執手版③。

安從容就席，坐定，謂溫曰：「安聞諸侯有道④，守在四鄰，明公何須壁後置人邪！」

溫笑曰：「正自不能不爾。」遂命左右撤之，與安笑語移日⑤。

——《資治通鑑．晉紀廿五》

桓溫入京只待了十四天，就因患病而返回姑孰。病中，一再暗示孝武帝加授他「九錫」（九種天子才能用的儀仗，加九錫是歷史上篡位前的標準動作之一），屢次派人催促。而謝安、王坦之故意推拖，命人起草加九錫的詔書，卻一再刪改謄清，謄清後再刪改。就這樣，拖到桓溫返回姑孰，而桓溫回去沒多久就死了。

桓溫的弟弟桓沖在桓溫病篤時問：「要怎麼處理謝安？」

桓溫說：「他們不是你可以對付的。」意思是，自己如果仍在，還能對付謝安與王坦之；自己若死了，桓沖不是兩人的對手；但如果現在殺了謝、王兩人，而自己還是死了，只會讓桓沖失去人心。

揣摩通鑑

東晉的朝廷風氣被批評為崇尚清談，也就是不務實，但是東晉朝廷的勾心鬥角卻並不稍減。東晉政治乃在一片高來高去的言語交鋒中進行，且由於崇尚清高，交鋒常常不帶煙火氣，既要猜測、估算對手的心思，還要能談笑間克敵致勝，於是成為「揣摩術」的上好教材。本章故事就是一例。

桓溫北伐其實戰功彪炳，一次打進關中，一次收復洛陽，分別是劉邦、劉秀建立霸業的首都，為什麼他沒想過留在那裡建立霸業？因為經過永嘉之禍，北方殘破，南方富庶，他想的是挾輝煌戰功以行「禪讓」——在南方當皇帝快活多了。

簡文帝為什麼斷言謝安一定會接受徵召出來做官？因為東晉的政治、財富掌握在幾個巨室家族手裡，尤其是王、謝兩家。謝安悠遊山林固然有沽名釣譽的作用，一旦家族中沒有人在朝中做大官，家族利益就沒了保障。所以，當家族需要時，謝安一定

①祚：君位。晉祚：晉朝皇室延續。
②戰：戰慄。戰慴：因害怕而發抖。
③手版：笏版，官員上朝時手持。
④諸侯有道：諸侯行事之道。
⑤移日：日頭移位，描述時間從午前到午後。

會出來做官——果然如此，當弟弟謝萬生病休養時，謝安就非出來做官不可。

謝安為何向桓溫下拜？那是掂對手斤兩的動作，桓溫當時受百官的敬畏，頤指氣使，如果他跟三國時董卓那樣橫暴，謝安可能「秀才遇到兵」，無法跟軍閥講理。可是他發現桓溫是個假裝斯文，想要躋身巨室家族的軍閥，因而對王謝兩家的態度不同於其他巨室（如庾、殷），謝安就此「吃定」了桓溫——後面的發展果然如此。桓溫如果要殺謝安其實很輕鬆，但卻始終下不了手，終於被謝安的「柔道」拖垮。

東晉以後的南朝（宋、齊、梁、陳）都是槍桿子裡出的政權，就沒那麼些囉唆事，殺起人來（包括殺自己兄弟、叔姪）毫不手軟。

周顗：我不殺伯仁，伯仁由我而死

東晉的政治操於王、謝兩大家族，謝氏的代表人物是謝安，王氏的代表人物是王導。王導的堂兄王敦發動了一次軍事政變，攻進了建康，使得晉元帝憂憤而死，太子司馬紹繼位為晉明帝。後來王敦又想要篡位，因為病重而逝。

王敦起兵後，王導畏罪，帶著宗族二十多人，每天到宮門外待罪。有一次看到周顗（晉元帝的親信）正要進宮，王導跪在地上呼喚周顗：「伯仁（周顗的字），我王家百口就在你手中了。」周顗頭也不回，直入宮中，見到晉元帝，力陳王導忠誠。文帝接受周顗所言，不殺王導。

周顗愛喝酒，那一天在宮中喝醉了才出宮，王導等人還跪在那裡，又呼喚周顗，周顗仍不理會。周顗回到家，再度上表力保王導無罪。可是王導並不知道這回事，心中始終怨恨周顗。

王敦政變成功，大權在握後，開始秋後算帳。由於周顗聲望很高，王敦有所顧忌，乃徵詢王導意見。王敦三問王導，王導都不回答（不為周顗說情），於是王敦殺了周顗。

王敦清君側（除去政敵劉隗）成功，王氏兄弟大權在握。王導整理宮中文書，搞清楚哪些人是朋友，哪些人是對頭？發現周顗當初上表營救自己的文件，拿在手中流眼淚，「我雖然沒有殺伯仁，伯仁卻為了我而死。九泉之下對不起這位好朋友啊！」

周顗保了王導全族的命，卻沒保住自己的命。

20. 隋唐英雄的跳槽哲學——程咬金、秦叔寶

三國演義說「天下大勢合久必分，分久必合」。三國是「小分」，西晉是個短命王朝，可以看做大分裂時期當中的一個「回檔」（借用股市名詞），接著是五胡十六國「大分」，經過南北朝，到隋朝再統一。但隋朝又是個短命王朝，從滅陳統一到隋煬帝被弒才三十年，群雄逐鹿局面再現。

那一段逐鹿大戲中，有一幕堪稱超越戲劇小說情節的「劇情」：

盤據洛陽的王世充（當時尚未篡位稱帝）與唐軍在九曲（今河南宜陽縣）會戰，雙方列陣將要開戰，王世充手下兩員大將秦叔寶和程知節（即程咬金）率領親信騎兵數十人，突然離開陣地，向西（唐軍由關中來，在西面）狂奔百餘步，下馬，回頭向王世充叩拜，朗聲發話：「我們受你特殊禮遇對待，很想為你効力以報答，可惜你生性猜忌又喜信讒

言，不是我們可以託身之處，如今不能再侍奉你了，就此告辭。」說罷，翻身上馬，直奔唐軍陣地。王世充來不及反應，也不敢追逼。唐高祖李淵將他們交給秦王李世民（後來的唐太宗），李世民久仰兩人名聲，對他們非常禮遇。

【原典精華】

世充與唐兵戰於九曲，叔寶、知節皆將兵在陳①，與其徒數十騎，西馳百許步，下馬拜世充曰：「僕②荷③公殊禮，深思報效；公性猜忌，喜信讒言，非僕托身④之所，今不能仰事，請從此辭。」遂躍馬來降，世充不敢逼。

上使事秦王世民，世民素聞其名，厚禮之。

——《資治通鑑．唐紀三》

①陳：音義皆同「陣」。
②僕：對自己的謙稱。
③荷：破音字讀「賀」，背負、蒙受。
④托身：與「託身」通用，寄居。

那一次戰役中，王世充陣營還有多名將領率眾「帶槍投靠」唐軍，也都安置在李世民的帳下。事實上，李淵從太原起義到平定北方，從敵對陣營來歸的將領，幾乎都置於李世民帳下，原因無他，李世民有本事讓這些好漢「各就各位」，而李世民的胸襟格局也讓這些「變節」的好漢從此不再變換陣營。

就以程咬金（這個名字知名度較高，以下皆稱之）和秦叔寶為例子說明。

程咬金就是小說、戲曲裡頭「程咬金三斧頭」那個角色的原型，但他慣使的兵器其實不是斧頭，而是槊（形似長矛）。隋末盜賊橫行，程咬金聚集了數百人保護鄉里。後來隋政府完全失控，程咬金帶槍投靠瓦崗軍李密，並且成為李密精選八千人「內軍」四驃騎之一。後來李密被王世充擊敗，歸附大唐，程咬金被王世充俘虜。王世充對程咬金非常禮遇，可是他仍然演出前述的陣前反叛戲碼。

《隋唐演義》裡的程咬金講義氣、重感情，可是他的義氣表現，跟《三國演義》裡關羽、張飛那種「不事二主」的義氣不一樣，而比較接近《水滸傳》裡「這顆頭顱只賣給識貨的」那種義氣。

秦叔寶名瓊，叔寶是字。最初參加隋朝政府軍，隨張須陀討伐各地「盜匪」（變民、起義軍）。張須陀征討盧明月時，盧明月統領的變民軍有十萬之眾，張須陀只有一萬多，起初採堅壁不出的戰術，然後擺出要撤退的樣子。

張須陀對部下說：「賊人看我撤軍，一定傾巢而出追擊，這時候能有精銳部隊偷襲他的大營，必定得手。有誰願意擔當這個任務？」將領無人應聲，只有秦叔寶和羅士信自告奮勇，終於偷襲成功，前後夾擊大破盧明月。

這裡插個枝節講張須陀，張須陀堪稱隋朝末年唯一勇將。在隋煬帝喪失人心、眾叛親離的年代，只有張須陀仍然竭智盡忠在「平亂」，最後中了李密的伏兵，有一部分軍隊被包圍，張須陀三次殺回包圍圈救部下，第三次沒能殺出，力竭陣亡。

即使是這樣一位重義氣的大將，他死了，秦叔寶和羅士信仍然歸附「敵人」李密的瓦崗軍。後來李密敗於王世充，他們又歸附王世充。可是他們後來都「陣前起義」投奔大唐（羅士信在半年後另一次戰役跳槽）。

跳槽通鑑

唐太宗李世民後來在凌煙閣上繪二十四功臣像，屈指一數，其中十一人原本是「敵人」，當然包括了程咬金和秦叔寶（羅士信在之前陣亡，先烈不能成為元老）。如前所述，這些投誠的好漢後來都沒有再「變節」，是因為李世民有本事、有胸襟、有格局，然而，時代變遷，跳槽的觀念也跟從前不一樣，是更根本的原因。

戰國時代的布衣卿相往往遊走於諸侯之間，那個時代雖有豫讓、聶政那種死士，但大多數非貴族的知識份子並沒有忠於一姓的觀念，跳槽乃是常態。直到秦、兩漢以後，變節成為最大罪惡，「貳臣」成為最大羞恥，此為一變。

三國、魏晉南北朝經過三、四百年大分裂，政權此起彼落，而古代中國知識份子的唯一出路就是做官，如果「始終一姓」，很難生存，於是隨政權嬗替而改服易制，不以為恥，又是一變。

同時，西魏到北周到隋唐都是「關隴集團」執政，宇文氏篡拓拔氏、楊氏篡宇文氏、李氏取代楊氏，皇帝換人做，可是執政集團沒變，二十個大家族相互通婚，形同永遠的執政團隊。因而只有從這一家「跳槽」到那一家，而沒有「變節」的問題。

朝廷如此，老百姓的觀念當然會跟著變。此所以隋唐英雄多的是「見風轉舵」的行為：徐世勣勸翟讓將瓦崗軍首領讓給李密；秦叔寶、羅士信在張須陀戰死後能心安理得的歸附李密。但他們為什麼要背棄王世充？並不是因為唐軍居於優勢（反而王世充擊敗李密後聲勢壯盛），而是因為王世充「生性猜忌又喜信讒言」，這就是跳槽觀念勝過了忠君觀念。

說明這種「跳槽／忠誠／義氣」能夠相容的現象，最佳例子是徐世勣。

徐世勣就是《隋唐演義》裡那位神機妙算的徐茂公的原型。他起初投靠瓦崗軍翟讓，由於翟讓打不過張須陀想要轉移地盤，徐世勣於是勸翟讓將指揮權讓給李密。後來李密被王世充擊潰而降唐，當時徐世勣駐守黎陽（今河南浚縣），黎陽倉是隋文帝時興建，一直到北宋都是中原最重要的穀倉。也就是說，徐世勣當時有兵馬、有地盤、有糧食，李密既然歸附唐國，徐世勣實質上成為佔有黎陽地區的軍閥。當唐高祖李淵派人去招降徐世勣時，徐世勣派人將黎陽的兵馬、土地、糧食詳細造冊，送到長安，交給李密，呈獻給李淵。

【原典精華】

世勣謂長史郭孝恪曰：「此眾土地，皆魏公①有也；吾若上表獻之，是利主之敗②，自為功以邀③富貴也，吾實恥之。今宜籍④郡縣戶口士馬之數以啟⑤魏公，使自獻之。」乃遣孝恪詣長安，……孝恪具言世勣意，上⑥乃歎曰：「徐世勣不背德，不邀功，真純臣⑦也！」賜姓李。

——《資治通鑑．唐紀二》

徐世勣對長史（文官幕僚長）郭孝恪說：「這些人馬、土地都是魏公的，如果我以自己名義呈獻，那就是利用主子的失敗而圖利自己，我以此為恥。現在將戶口、土地、人馬完整造冊，向魏公報告，讓魏公自己呈獻。」

郭孝恪到了長安，向李淵報告上情，李淵讚嘆說：「徐世勣不背棄李密，不邀自己的功，真是一位行為無瑕的臣子啊！」

徐世勣對李密講義氣，忠於職守，同時勇於跳槽（選擇加入贏者圈）。而同一時代的跳槽冠軍，且同時具備忠、義德行的，當推魏徵，請看下一章。

①魏公：李密原本稱號（稱「公」比稱帝、王低一級）。
②利主之敗：趁主子的失敗取利。
③邀：取。
④籍：造冊。
⑤啟：此處做「陳述、報告」解。
⑥上：唐高祖李淵。
⑦臣：純：單純無瑕。徐世勣無私，對李密講義氣，但不能說他忠於李密（因為徐世勣已經是臣子，只能忠於一個皇帝，就是自己），而用「純臣」。

21. 跳槽與識相雙料冠軍——魏徵

前章，李淵派人去黎陽勸徐世勣歸降，那個人就是歷史上鼎鼎有名的魏徵，而他更是作者推許，中國歷史上的跳槽與識相雙料冠軍。

魏徵幼年喪父，家貧卻愛讀書，心懷大志，於是出家當道士（不必入籍，免賦役），受武陽郡丞（武陽郡轄區在今河北、河南、山東交界處，郡丞為太守的副手）元寶藏延攬為幕賓。隋末大亂，元寶藏向瓦崗軍李密獻出城池，李密封他武陽公，元寶藏命魏徵寫信道謝，李密很欣賞那封信的文筆，於是將魏徵召為元帥府文學參軍。

魏徵前後上了十條計策給李密，李密都沒採納。李密在洛口獲得大捷，威震中原，割據洛陽的王世充傾巢而出攻向洛口，李密陣營內主張採取攻勢的將領佔十之七八，李密傾向順從眾意。

魏徵對長史鄭頲說：「我軍雖然挾大勝之餘威，可是勇將銳卒陣亡很多，戰士的心態疲憊，在重整兵源和重振士氣之前，不宜出戰。另一方面，王世充缺乏軍糧，就想盡快決戰，這種軍隊不宜跟他硬碰硬。不如深溝高壘與之對峙，十天半個月後，他的糧食吃完，必定撤軍，到時候加以追擊，必定勝利。」

鄭頲說：「這是老生常談。」

魏徵說：「這是奇計，怎麼說是常談！」當場拂袖而起。

【原典精華】

諸將喧然①，欲戰者什七八②，密惑於眾議③而從之。……

魏徵言於長史鄭頲曰：「魏公雖驟勝④，而驍將銳卒多死，戰士心怠，此二者⑤難以應敵。且世充乏食，志在死戰，難與爭鋒，未若深溝高壘以拒之⑥，不過旬月⑦，世充糧盡，必自退，追而擊之，蔑⑧不勝矣。」

頲曰：「此老生之常談耳。」徵曰：「此乃奇策，何謂常談！」拂衣而起。

——《資治通鑑．唐紀二》

洛口之戰李密大敗王世充，進一步包圍洛陽。王世充擁立的皇帝楊侗（史稱皇泰主）降詔，封李密為太尉、尚書令（三公、宰相），命他討伐弒殺隋煬帝後帶軍隊北上回家的宇文化及。李密接受了「朝廷」的冊封，也擊潰了宇文化及，卻遭到王世充的突擊，瓦崗軍潰敗，大將程咬金、秦叔寶、羅士信、裴仁基、單雄信等都投降了王世充，李密本人入關中投靠李淵，魏徵陪著李密到了長安。

魏徵到了長安不見重用，上書李淵自請「撫輯黎陽」，也就是說服仍然擁兵據有黎陽的徐世勣歸順。李淵批准，於是魏徵寫了一封信給徐世勣，分析徐世勣的處境：夾在竇建德（河北）和王世充（河南）之間，暫時沒事，但不可能長久，「若策名得地，則九族蔭其餘輝；委質非人，則一身不能自保」，意思是：歸順唐國，李淵會讓他保留地盤；投向

①喧然：爭相發言。
②什，通「十」。什七八：十之七八。
③惑于眾議：因為「大家都這麼說」而不加深思。
④驟勝：剛打了打勝仗。
⑤二者：一是傷亡太多，一是軍心倦怠。
⑥拒之：被動防禦，不出擊。
⑦旬：十天。旬月：猶言「十天半個月」，意指「不會太久」。
⑧蔑：此處做「沒有」解。

竇、王，最終將無法自保。

識相通鑑

魏徵應該在那個時候就看出來，李密不是得天下的料！

李密出身關隴集團的高門第，曾祖父是西魏「八柱國」之一，跟李淵的祖父同級，比隋文帝楊堅還高一級（**楊家是十二大將軍之一**）。關隴集團宇文氏篡拓拔氏、楊氏又篡宇文氏，改朝換姓，但執政集團維持既得利益。此所以李密會接受楊侗的冊封（平民出身的逐鹿英雄如劉邦就不會），打贏了宇文化及，卻讓王世充得到漁人之利。同樣的心理因素，讓李密不去仍然有軍隊、有糧草，且效忠他的黎陽（**徐世勣**）——因為李淵也是關隴集團。

同時魏徵也認為唐國（**李淵父子**）有得天下的氣象，而他繼續留在李密手下絕非長久之計——事實上他當時已經陷在泥淖之中，而他想出來的脫身之計是「招降徐世勣」。

如前章所述，徐世勣歸順大唐同時保留對李密的義氣，而李淵任命徐世勣為黎陽大總管（保留土地、軍隊），並賜姓李，魏徵則留在黎陽，沒有回去長安。不久後，竇建德消滅了宇文化及，又擊敗唐國的淮南王李神通，李神通逃到黎陽，竇建德再攻破黎陽，李神通、徐世勣、魏徵都投降竇建德，徐世勣仍然守黎陽（竇建德扣留徐世勣的父親為人質），魏徵被竇建德任命為中書舍人。之後，徐世勣找了個機會「回歸」唐國，隨李世民東征西討，後來李世民在虎牢大戰擊敗王世充和竇建德聯軍，魏徵於是再度回歸唐國。

當時太子是李建成，他聽聞魏徵的名聲，向李淵爭取到魏徵，任命為太子洗馬（此處「洗」音義皆同「先」，洗馬掌管圖書典籍，東宮講論時主持事務，太子出行時引導儀仗），相當器重禮遇。但當時李世民聲望極高，有淩駕太子之勢。

魏徵向李建成提出警告：「如果不處理你那個弟弟，遲早尾大不掉。」之後李世民發動玄武門兵變，殺了太子李建成和齊王李元吉。李淵立李世民為太子，下令「一切政務交給太子裁決」，李世民等於當上了皇帝。

李世民質問魏徵：「你為什麼離間我們兄弟感情？」

魏徵回答：「太子如果採納我的建議，就不會有今日之禍。」

李世民聞言斂容，聘請魏徵擔任詹事主簿（太子總管府秘書官，職等低於洗馬），旋即發表魏徵為諫議大夫，同時派他去河北安撫原本屬東宮和齊王的官員（黨羽），准他便宜行事。

魏徵到達磁州（今河北邯鄲市），遇見地方官將兩名原本東宮和齊王的部屬，正關在囚車裡要送到長安下獄。

魏徵說：「我接到的指令是『原本東宮與齊王所屬一概不追究』，我不能顧慮自己會被猜疑，而不替國家考慮。更何況我既然得到人家（李世民）以國士看待，怎能不以國士之行報答他？」命令地方官放人，並據實上奏，李世民接獲報告，非常高興。

【原典精華】

遣諫議大夫魏徵宣慰山東①，聽②以便宜③從事。

徵至磁州，遇州縣錮送（兩名太子與齊王所屬）詣京師，徵曰：「吾受命之日，前宮、齊府④左右皆赦不問；……吾不可以顧身嫌⑤，不為國慮。且既蒙國士之遇，敢不以國士報之乎！」遂皆解縱⑥之。太子聞之，甚喜。

——《資治通鑑．唐紀七》

跳槽通鑑

這一次的經驗讓魏徵立即體會到，「皇帝為什麼要重用我」，說得俗氣一點，是「我的利用價值在哪裡」。摸清楚唐太宗的心底之後，魏徵默契十足的跟唐太宗演出了「貞觀君臣」，並成為千古君臣的典範。

換一個角度看就明白了：魏徵在李世民之前服事過幾個老闆：元寶藏、李密、竇建德、李建成，他可沒有像對李世民那樣直言無諱，甚至犯顏直諫，否則可能早就人頭落地了。反而他每次跳槽，面對不一樣的老闆，他都能做出老闆需要的貢獻，例如，李密喜歡作戰奇計，他就提戰術建議；李建成面對李世民的奪嫡壓力，他就提「早點處理那個弟弟」。當他提出那些建議時，哪有一點「萬世諍臣」的風骨？

歷代史家莫不感嘆「千古只有一個魏徵」，但出現「魏徵」的前提是有「唐太

①山東：太行山以東。
②聽：任。
③便宜：發音「變疑」，不是買東西價廉的「便宜」。便宜從事：對事情做適當處置（無須請示）。
④前宮：前東宮。齊府：齊王府。
⑤嫌：疑。顧身嫌：顧慮自己會受到猜疑。
⑥解：解開綁縛。縱：放。

宗」——如果皇帝沒有胸襟雅量，直臣沒被砍頭就很運氣了；如果臣子非常能夠摸透皇帝心理，但皇帝並不想要博取萬世美名，哪怕是清朝乾隆皇帝那樣的能幹皇帝，也只會出和珅那樣的臣子。（很有趣的問題：如果魏徵生在乾隆之世，會怎樣？）

最能凸顯魏徵和唐太宗關係的，當屬「忠臣／良臣之辨」對話：

魏徵有一次被誣陷，後來查明是遭到冤枉。魏徵就對唐太宗說：「希望陛下讓我當良臣，而不是當忠臣。」

太宗問：「良臣跟忠臣有什麼分別？」

魏徵說：「比方說，稷、契、皋陶都是良臣，龍逢、比干都是忠臣。」

稷、契、皋陶都是帝堯時代的臣子，關龍逢、比干則分別因直諫桀、紂而被殺——魏徵等於要李世民選擇，「你要當堯舜，還是桀紂？」而他敢講出這番話，正因為他曉得，李世民想要博取萬世名聲。也就是說，魏徵不只是跳槽、識相雙料冠軍，揣摩術也是頂尖高手。

22. 保命冠軍——狄仁傑

前章說魏徵是跳槽冠軍，唐朝還有一位保命冠軍，堪稱救人無數，他就是一代女皇武則天時的宰相狄仁傑。

狄仁傑在唐高宗時擔任大理丞（最高司法機關的秘書長），當時有兩名京師衛戍部隊的將領不慎誤砍了昭陵（唐太宗陵園）的柏樹，依法罪當貶為庶人，可是唐高宗卻下令處死刑。

狄仁傑上奏：「二人不應處死。」

高宗說：「他倆砍了昭陵的柏樹，不將他們處死，豈不是我不孝？」

狄仁傑堅持，高宗臉色都變了，叫他出去。

狄仁傑說：「自古都認為犯顏直諫是一件難事，但我認為，如果是像桀紂那樣的暴君當然很難，若遇上堯舜那樣的明君則不難。如今法條規定罪不至死，而陛下一定要處以死刑，法律一旦失信於民，要老百姓如何規範他們的行為？張釋之說過：『假如有人盜了高祖劉邦的陵墓，陛下要以什麼更重的刑罰處分他呢？』如今若因一棵柏樹而殺兩位將軍，後代對陛下將如何評價？我之所以不敢奉詔，除了恐怕陷陛下於不義，我自己也沒臉在九泉之下見到張釋之。」

唐高宗聞言臉色稍霽，最終開除兩人官籍，流放嶺南。幾天後，擢升狄仁傑為侍御史（糾察朝廷百官）。

【原典精華】

大理①奏左威衛大將軍權善才、右監門中郎將范懷義誤斫昭陵柏，罪當除名②；上特命殺之。大理丞太原狄仁傑奏：「二人罪不當死。」上曰：「善才等斫陵柏，我不殺則為不孝。」

仁傑固執不已③，上作色④，令出，仁傑曰：「犯顏直諫，自古以為難。臣以為遇桀、紂則難，遇堯、舜則易。今法不至死而陛下特殺之，是法不信於人也，人何所措其手足⑤！且張釋之有言：『設有盜長陵一抔土，陛下何以處之？』今以一株柏殺二將軍，後代謂陛下為何如矣？臣不敢奉詔者，恐陷陛下於不道⑥，且羞見釋之於地下故也。」上怒稍解，二人除名，流嶺南。後數日，擢仁傑為侍御史。

——《資治通鑑．唐紀十八》

不到五個月，侍御史狄仁傑很快發威，左司郎中（相當於行政院副秘書長）王本立仗恃他得到皇帝的寵信，橫行霸道，百官都畏懼他三分，狄仁傑彈劾他的罪行，請求將他移送法辦。

唐高宗有意迴護王本立，狄仁傑上奏：「國家人才濟濟，難道缺少王本立這種貨色？陛下為何為了愛護一個罪人，寧願傷害國家法律威信！如果一定要曲解法律赦免王本立，

①大理：大理寺，唐朝最高司法機關。
②除名：除去官籍，貶為庶民。
③不已：不停。
④上：史書稱皇帝「上」。作色：（生氣）變臉色。
⑤措：放置。措手足：行為依據。
⑥不道：或說「無道」，稱一個領袖不道、無道，等於說他不仁不義。

請將我流放到沒有人跡的地方，作為對忠貞之士的警告。」終於，王本立被判刑，百官因此肅穆（懾於狄仁傑執法之威）。

唐高宗要去汾陽宮（在今山西汾陽市內）避暑，派狄仁傑擔任知頓使（先行布置安頓御駕事宜）。途中會路過一個妒女祠，地方上流傳「招搖經過妒女祠前，必招風雷之災」——由於神祇性情嫉妒，會降風雷讓招搖者狼狽。為此，并州地方官要發動萬人另外開一條路供皇帝御駕通行。

狄仁傑說：「皇帝出巡，即使遇到風雨，也是風伯清塵、雨師灑道（風柏、雨師都是民間信仰的「正神」），哪裡是什麼『妒女』作祟！」下令停止開闢新路。

高宗聽說此事，讚歎說：「這才是大丈夫（有擔當）啊！」

唐高宗崩逝，武則天稱帝前以太后名義聽政，越王李貞以豫州（州治在今河南汝陽縣）為基地起兵反抗，叛亂平滅後，武則天派狄仁傑出任豫州刺史，主要任務是撫輯叛亂地區人心。當時受到牽連的有五、六百人，被抄家沒收財產等待受刑（叛亂犯抄家滅族）的計五千人。

狄仁傑一邊拖延行刑，一邊秘密上奏武則天：「我並不喜歡密奏，但若公開上奏，好像為叛亂犯申訴；但若知而不言，又違背太后要我心存仁慈處理的旨意。這份奏章寫了又毀，毀了又寫，心意始終不定，這些人都不是蓄意叛國，只能懇求太后體念他們誤觸死罪。」武則天看完奏章，降詔法外開恩，數千人改為流放豐州（今內蒙包頭市一帶）。

當時，平叛部隊總司令張光輔仍然駐在豫州，軍人仗恃平亂有功，向州政府多所索取，狄仁傑一概不答應。張光輔在朝廷的官職是鳳閣侍郎（武則天時代官名，宰相級），對著狄仁傑咆哮：「你這個州刺史膽敢看不起我這個元帥嗎？」

狄仁傑頂回去：「原本只有一個越王李貞在河南作亂，如今消滅了一個李貞，卻生出一萬個李貞！」

張光輔怒言：「你講這什麼話！」

狄仁傑說：「大人統領三十萬大軍，需要誅殺的只限越王李貞一人。當時城內官兵聽說政府軍到來，紛紛跳出城牆歸降，城牆外四面都踏出道路來了。可是大人你卻放縱軍人劫掠，殺已經投降的人報功勞，黎民的血染紅了田野，這不是一萬個李貞，是什麼？我恨不得有一把尚方斬馬劍在手，能夠砍斷你的脖子，死了也甘願！」

張光輔被狄仁傑的正氣鎮住，無法回嘴。回京上奏狄仁傑無禮，武則天把狄仁傑調為復州（今湖北仙桃市與武漢市的一部分，當時屬偏遠州）刺史。

【原典精華】

時張光輔尚在豫州，將士恃功，多所求取，仁傑不之應①。

光輔怒曰：「州將輕元帥邪？」

仁傑曰：「亂河南者，一越王貞耳，今一貞死，萬貞生！」

光輔詰其語，仁傑曰：「明公②總兵三十萬，所誅者止於越王貞。城中聞官軍至，逾城出降者四面成蹊③，明公縱將士暴掠，殺已降以為功，流血丹野④，非萬貞而何！恨不得尚方斬馬劍⑤，加於明公之頸，雖死如歸耳！」

——《資治通鑑．唐紀二十》

武則天稱帝改國號為「周」（資治通鑑不用周年號，歸入唐紀），厲行恐怖統治，最著名的酷吏來俊臣羅織罪狀，控訴三位宰相：任知古、狄仁傑、裴行本，以及大臣裴宣禮、盧獻、魏元忠、李嗣真等七人謀反。七人下獄後，來俊臣誘騙他們，「第一次審訊就主動招認的，免除死刑。」

狄仁傑說：「大周革命，異姓改朝，唐王朝的舊臣甘願接受誅戮。我承認謀反是實。」

來俊臣因此不再嚴加戒備，狄仁傑撕下一塊被面，在上面寫下冤情，塞在棉衣裡頭，拜託監獄主管官員王德壽，「天氣漸熱，拿給家人帶回去，取出棉絮，改成夾衣。」狄仁傑的兒子狄光遠依言取出棉絮，發現這份訴冤狀，帶著它緊急求見武則天，武則天以之質問來俊臣，來俊臣說：「狄仁傑等如果沒有謀反事實，怎麼可能招供？」

武則天另派通事舍人（掌傳達詔令奏章）周綝去監獄，來俊臣讓狄仁傑等穿上官服、戴上官帽，站成一排給周綝看，周綝連眼皮都不敢抬，只敢呆呆的望向東方，應聲點頭。來俊臣於是假冒狄仁傑等人名義寫〈謝死表〉，讓周綝帶回呈遞給武則天。

武則天召見狄仁傑等，問：「你為什麼承認謀反？」

狄仁傑回答：「不承認的話，現在已經死於酷刑拷打之下了。」

武則天再問：「為什麼呈遞〈謝死表〉？」

狄仁傑說：「沒有這回事。」

---

①不之應：不答應他們。

②明公：張光輔是宰相級，明公為尊稱。

③蹊：踐踏出來的路。四面成蹊：城牆的四面城外，都因為有很多人跳出去投誠而踩出了小徑。

④丹：紅色染料。流血丹野：流血染紅了田野，喻殺人之多。

⑤尚方斬馬劍：又稱斷馬劍，即俗稱的尚方寶劍。以其鋒利無比，專供皇室使用。

武則天拿出周綝帶回的奏章，才拆穿來俊臣的詭計，於是釋放七人的家族。

【原典精華】

狄仁傑既承反，有司待報行刑，不復嚴備。仁傑裂衾帛①書冤狀，置綿衣中，謂王德壽曰：「天時方熱，請授家人去其綿。」德壽許之。仁傑子光遠得書，持之稱變②，得召見。則天覽之，以問俊臣。

※　※　※

太后意稍寤③，召見仁傑等，問曰：「卿承反何也？」對曰：「不承，則已死於拷掠④矣。」太后曰：「何為作謝死表？」對曰：「無之。」出表示之，乃知其詐。

——《資治通鑑・唐紀廿一》

保命通鑑

狄仁傑保權善才和范懷義的命，用上了張釋之說服漢文帝的邏輯，也用上了魏徵激唐太宗的方法（你要當堯舜還是桀紂），但那次只保了兩條命。

在并州制止地方官為了皇帝出巡而開闢新路，雖然沒有具體救了幾條命，但是可想而知，老百姓被徵調作這種差役，不但沒有報酬，還要荒廢農事，甚至還得自己攜帶工具、糧食。簡單說，狄仁傑下令不闢新路，是救人於無形之中。

豫州保數千人免死，是看得見的功德，而面折宰相大元帥張光輔，減少地方百姓遭受軍隊的劫掠，是更大的功德。

而假裝招供以爭取向武則天申訴冤情的機會，是他保自己的命，展現了能屈能伸的韌性，和出其不意的智謀。

在武則天的白色恐怖統治之下，能保自己的命，還能得到武則天的信任與重用，保了很多忠直之臣（性命或職位），狄仁傑確實是一位傳奇人物。

①衾：被子。衾帛：綢緞做的被面。
②稱變：宣稱有緊急事件。
③寤：醒悟。
④拷掠：刑求。

李愬：兜個大圈子救李祐

中晚唐藩鎮跋扈，只有唐憲宗時曇花一現，平定了好幾個不服的藩鎮，號稱「元和中興」，其中最精彩的一役是「李愬雪夜下蔡州」。

朝廷征剿淮西節度使吳元濟連番失利，李愬自告奮勇請纓出征，憲宗任命他為唐隨鄧三州節度使、西路軍統帥。李愬到了前線，俘虜來的淮西官兵，一律親自詢問，爭取他們的認同，以此得悉淮西何處險要、道路遠近、防守虛實。一名淮西將領吳秀琳對李愬說：「大帥如果想得到蔡州（淮西節度鎮所在地），非李祐不可，我沒有這個能力。」李祐是淮西騎兵將領，屢次痛擊朝廷官軍。

李愬打聽到李祐某天帶領軍士去某村收割麥子，就用計活捉了李祐。回到大營時，將士們爭相要求李愬將李祐處死，李愬非但不准，還親自解開李祐的綑綁，以禮相待。

李祐對李愬感激涕零，李愬每天晚上跟李祐商量突擊蔡州的計畫到深夜。將領們一方面勸諫李愬，不可相信「淮西間諜」提供的情報，一方面放話到友軍各部隊，「李祐是淮西變軍的內應」。

李愬擔心萬一這些話到皇帝耳裡，自己會來不及營救，遂對將領們宣布：「大家既然懷疑李祐，我就把他送給皇上處死。」將李祐戴上腳鐐手銬，以囚車押解長安，但他的秘密奏章已經先呈遞給皇帝：「如果誅殺李祐，大事將無法成功！」唐憲宗於是下詔釋放李祐，送回李愬大營。

李祐得以不死，更加感戴李愬，最終幫助李愬，在一個下大雪的夜裡，發動突襲，攻下了蔡州。吳元濟一覺醒來，已經身陷包圍，只得投降。

23. 挺身而出保天下人之命——姚崇

狄仁傑能夠救人無數，有一個充分條件——武則天時特務橫行，殺人無數。那時候有兩個超級害人魔王：周興和來俊臣，他倆發明了很多酷刑，周興手底下殺害的人數達數千，來俊臣更凶，「所破千餘家」。

終於，兩個殺人魔「王見王」了，就是成語「請君入甕」的典故：

【原典精華】

（有人告周興參與一樁謀反案）太后①命來俊臣鞫②之，俊臣與興方推事③對食，謂興曰：「囚多不承，當為何法？」

興曰：「此甚易取。取大甕，以炭四周炙之，令囚入中，何事不承！」俊臣乃索大甕，火圍如興法，因起謂興曰：「有內狀④推兄，請兄入此甕。」興惶恐，叩頭服罪。法當死，太后原之。二月，流行嶺南，在道，為仇家所殺。

——《資治通鑑．唐紀二十》

周興陷害一位大將軍，有人向武則天告狀「周興也有參與」，武則天交給來俊臣處理。來俊臣與周興對坐吃飯討論案件，問周興：「那些罪犯大多不肯認罪，有什麼好方法（新的酷刑）可以用？」

周興說：「這個簡單。取一個大甕，四周升起大火，叫犯人進去，保證沒有不承認的！」

於是來俊臣吩咐，照周興所說，取大甕並且升起大火，然後對周興說：「有人告狀告到皇帝那裡去了，皇上交代，請老兄入甕吧！」

①太后：當時武則天已經稱帝，但是資治通鑑不用南周國號，用也不稱她皇帝，而稱「太后」。
②鞫：音「局」，訊問。
③推：斷案。推事：判斷案情。
④內狀：訴狀來自大內，其實就是「皇帝交辦」。

周興當場叩頭認罪（隨便告他什麼罪狀，通通承認，只要不必受刑），武則天饒他不死，流放嶺南，在途中被仇家殺了。

最終，來俊臣得意忘形，竟然控告太子（李旦）和諸王聯合謀反，武姓諸王和太平公主等大為恐慌，集體揭發來俊臣的罪行，武則天批准將來俊臣處斬。人心大快，仇家恨到吃他的肉、甚至挖眼、剝皮、剖心。武則天趁機伸張轉型正義，公布來俊臣所有罪狀，並籍沒財產、誅滅全族。

三個月後，武則天對幾位宰相說：「周興、來俊臣幹了很多令人髮指的事情，牽連很多朝廷官員，說他們謀反。國家有正常法律，我怎麼敢枉法？但往往懷疑中間有問題，派貼身侍從去監獄裡查問，被告卻都親筆寫下自白書認罪，我因此不再懷疑。然而，周興、來俊臣死後，就再也沒聽到有人謀反，那麼，從前誅殺的那些人當中，難道沒有被冤枉的嗎？」

夏官侍郎姚元崇說：「那些因謀反罪被處死的人，大概都是被周興等羅織罪名的。陛下派親信去查問，這些親信也怕周興、來俊臣，哪還敢動搖結果！被問的人如果翻供，又懼怕慘遭毒刑，與其那樣，不如早死。如今周興等被誅滅，我以一家百口人的生命向陛下擔保，今後朝廷內外大臣不會再有謀反的人；若果有謀反的事實，那怕是一點點，我願承受知而不告的罪過。」

【原典精華】

夏官侍郎①姚元崇對曰：「自垂拱②以來坐謀反死者，率皆興等羅織，自以為功。陛下使近臣問之，近臣亦不自保，何敢動搖！所問者若有翻覆③，懼遭慘毒，不若速死。賴天啟聖心，興等伏誅，臣以百口④為陛下保，自今內外之臣無復反者；若微有實狀⑤，臣請受知而不告之罪。」

——《資治通鑑．唐紀廿二》

武則天順著他的話，「從前那些宰相都不敢違逆周興、來俊臣，連累我被說成濫刑好

①夏官侍郎是武則天時代的官職名稱，相當於國防部副部長，姚元崇當時還加「同平章事」，也就是實質的宰相職務。
②垂拱：唐睿宗的年號，實質上是武則天以太后臨政。
③翻覆：推翻供詞。
④百口：指自己家族，百口之家。
⑤微有實情：只要有一點、些微事實。

殺的君主，你這番話深得我心。」

姚元崇一度因為跟反叛的突厥酋長叱利元崇同名，武則天將他改名為姚元之。姚元之被調派去輔佐相王李旦，李旦後來當上皇帝（唐睿宗），很快傳位給兒子李隆基（唐玄宗），玄宗年號開元，姚元之為了避年號的諱，再改名為姚崇，姚崇輔佐唐玄宗成就「開元之治」，自己也成為一代名相。

山東（崤山以東）發生嚴重蝗災，農民沒有知識，以為是鬼神作祟，在田邊焚香設祭膜拜，不敢撲殺。姚崇奏請派御史去督促各州縣政府捕殺掩埋，可是在朝廷上討論時，有人認為蝗蟲太多，根本捕殺不完。

唐玄宗拿不定主意，姚崇說：「蝗災嚴重，黃河南北老百姓已經流亡殆盡，政府怎麼可以坐視不理？就算不能將之完全消滅，猶勝讓牠們造成更大災害。」唐玄宗這才批准。

另一位宰相盧懷慎卻表示，一下子殺那麼多蝗蟲（生命），恐怕會傷了天地間的祥和之氣。

姚崇說：「從前楚莊王吞下螞蟥而病痊癒，孫叔敖殺死兩頭蛇而有後福。為什麼對蝗蟲慈悲，卻忍心看著人民餓死？如果撲殺蝗蟲會招來禍患，就讓我姚崇承擔！」

隔年，蝗災又起，姚崇再度下令各州縣捕殺掩埋，卻有汴州（州治在今河南開封市）

刺史倪若水奏稱：「蝗蟲乃是天災，不是人力所能改變，應該施行恩德來化解災異。從前劉聰時代就以捕殺掩埋來對付蝗災，結果災害更嚴重。」拒絕接受御史的命令。

姚崇用正式公文諭知倪若水：「劉聰是偽君主，他的恩德無法克制妖孽；當今皇上聖明，妖孽不可能勝過恩德。古時候地方官優秀的話，蝗蟲甚至不入州境，如果說，修德可以免除蝗災，莫非是你無德所造成！」倪若水這才不敢抗命，也因此，雖然山東連年蝗災，而能不發生大饑荒。

【原典精華】

盧懷慎以為殺蝗太多，恐傷和氣。崇曰：「昔楚莊吞蛭而愈疾①，孫叔殺蛇而致福②，奈何不忍於蝗，而忍人之饑死乎？若使殺蝗有禍，崇請當之！」

※　　　　※　　　　※

山東蝗復大起，姚崇又命捕之。倪若水謂：「蝗乃天災，非人力所及，宜修德以禳③之。劉聰④時，常捕埋之，為害益甚。」拒御史，不從其命。

崇牒⑤若水曰：「劉聰偽主，德不勝妖；今日聖朝，妖不勝德。古之良守，蝗不入境⑥。若其修德可免，彼⑦豈無德致然？」若水乃不敢違。

——《資治通鑑・唐紀廿七》

保命通鑑

姚崇的保人性命模式，一言以蔽之，「氣勢取勝」。無論是對武則天說「以我家族百口為保證」，或是對唐玄宗說「有禍由我姚崇承擔」，都是一副義無反顧的架勢。前者他還要承擔風險，因為保不準會有「那麼一點點」謀反的情事發生；後者其實是空言大話，如果真的天降災禍，他能怎麼承擔？不過「天地間祥和之氣」原本就是一個相當虛無的東西，姚崇以空話回嗆，挺身而出，贏在氣勢。

姚崇是個有擔當的宰相，時人對他和盧懷慎的評語，姚崇是「救時宰相」，盧懷慎是「伴食宰相」。然而，姚崇訂下的政策，經常隨情況變化而改變，其他官員跟不上他的靈活速度，以至於大小事都去請示他，甚至他請假在家時，官員都要去他家裡請示。

唐朝的宰相編制很大（官職後有加上「同中書門下三品」或「同平章事」的都能

參與最高決策會議），跟姚崇同時享有名聲的宰相還有宋璟和張說。張說嫉惡如仇，看姚崇的兩個兒子（都收受官員餽贈）很不順眼。

姚崇病重，自知日子不久，就將兒子叫來，吩咐他們：「張說雖然跟我不要好，我死後，他面子上總要來弔祭，他這個人喜歡古玩玉器，你們就將我收藏的最精緻的玩意置放靈柩前面。如果他看都不看，那就完了，你們趕快交代家裡的事（準備坐牢，且九死一生）；如果他拿起來把玩，就將他把玩過的送去他家裡，然後請他幫我寫墓誌銘。記住，他一寫好，你們要以最快速度呈閱皇上。」

①楚莊吞蛭而愈疾：蛭：水蛭，俗稱螞蟥，常見吸動物血液為生。春秋楚莊王進餐時，看見菜裡有一隻螞蟥，竟然將牠吞下。就此肚子不舒服，無法進食。楚國令尹（掌握軍政大權的最高官職）進宮問候，莊王說：「當時我如果將螞蟥挑出來，處罰人則必株連甚廣，不處罰則威信難立，所以將牠吞下肚。」令尹說：「上天垂憐有德行的人，大王仁愛，病情絕不會惡化。」莊王的病果然就好轉了。

②孫叔殺蛇而致福：春秋楚國賢明令尹孫叔敖，小時候看見一條兩頭蛇，回家對母親哭訴：「人家說看見兩頭蛇的人會死，我恐怕活不久了。」母親問他：「那條蛇呢？」孫叔敖說：「怕別人又看到，所以將牠打死埋了。」他母親說：「積陰德的人會有福報，你不會死的。」後來他果然當上了令尹。

③禳：消災。

④劉聰：五胡十六國匈奴族君王，建立前趙。

⑤牒：正式公文書。

⑥古之良守，蝗不入境：東漢魯恭為中牟縣令，行仁政，中原蝗災，蝗蟲卻不入中牟縣境。

⑦彼：此處做「你」解。全句意思：難道是你擔任太守不修德嗎？

姚崇嚥氣了，張說來弔喪，一切如姚崇所料，最後張說幫忙寫了墓誌銘。等他醒悟想要反悔，唐玄宗已經看到那篇墓誌銘。張說於是慨嘆：「死姚崇能賺（算計）生張說！」

姚崇活著能保天下人的命，死了還保住兒子的命。

張說：賭上自己的腦袋

武則天掌權之初，用來俊臣等特務厲行白色恐怖統治，之後寵信張易之、張昌宗，這兩個佞臣害了很多人，但是仍有不少正直大臣沒被害死。其中魏元忠是對抗二張的代表人物，二張打擊魏元忠用力最深，而當時朝廷大臣想要拯救魏元忠卻貪生怕死，膽敢拚上自己性命的只有一個張說。

張昌宗在武則天面前「下毒」，說魏元忠（當時是首席宰相）等人認為皇帝已老，密謀擁立太子。武則天大怒，逮捕魏元忠等人，要在殿上讓張昌宗和魏元忠對質。張昌宗私下找到張說，只要他肯出面證明魏元忠確實說過大逆不道的話，就給他高官肥缺，張說當面假意應允。隔天，武則天召集兩個兒子李顯、李旦和所有宰相，命張、魏兩人對質，雙方有來有往難以明察真相，張昌宗祭出法寶，要求召見張說。

張說將要入殿，殿外一干高官（不是宰相，沒資格入殿）對他喊話。

宋璟說：「人生在世名聲和道義最重要，冥冥中的鬼神更難以欺瞞，千萬不要依附奸邪、陷害忠良，萬一你被判處流放偏遠，我一定據理力爭，跟你死在一起。你能不能受到後世萬代景仰，就在今天表現！」

張廷珪說：「朝聞道，夕死可矣！」

劉知幾說：「不要污辱青史，連累子孫啊！」

上得金鑾殿，武則天問他情形。張說對武則天說：「陛下，我今天在這個神聖殿堂上，不敢說謊，我實在沒有聽見魏元忠說謀反的話，是張昌宗逼我作偽證。」

張易之、張昌宗兩人急忙喊出：「張說跟魏元忠一同謀反！」又說：「張說曾經形容魏元忠是伊尹、周公，伊尹曾經罷黜、流放太甲（商朝君王），周公曾經攝政，稱他是伊尹、周公，不是謀反是什麼？」

張說回奏：「張易之兄弟是見識鄙陋的小人，只聽說過伊尹、周公的一部分故事，卻不知道伊尹、周公成就的大事業！陛下選用宰相，不教他效法伊尹、周公，教他效法誰？今天我難道不曉得，迎合張昌宗就能升官，不作偽證可能全族屠滅？可是我不能誣陷魏元忠！」

最後，魏元忠被貶為高要（今廣東高要縣）縣尉（相當縣警局長），張說流放嶺表（大庾嶺以南）。直到武則天死後，張說才被召回朝廷任官，成為唐玄宗開元之治的右丞相。

24. 改一個字救一千人——張居翰

相對於狄仁傑在武則天的恐怖統治年代保命無數，魏徵在貞觀年代保人命相對容易，於是有下述故事：

唐太宗即位不久，嶺南州府上告「高州總管馮盎（隋末曾經割據嶺南八州的軍閥）叛變」達十餘次。太宗決定派右武衛大將軍藺謨等將領動員江南道、嶺南道數十州兵馬前往鎮壓。都已經箭在弦上了，魏徵卻表示不同意見，認為馮盎「反狀未成，未宜動眾」。

太宗問：「怎麼說？」

魏徵說：「馮盎如果真造反，必定分兵據險，攻掠州縣。如今告他造反的報告已經很多且很久了，卻沒有報告說馮盎的兵馬攻打了哪些縣城，顯示他並非真正造反。各州縣既然告他狀，陛下又不派遣使節前往安撫，他畏死，所以不敢入朝。如果派出親信大臣示以至誠，必定可以不動干戈而免除戰事。」

於是唐太宗派出使節前往嶺南宣撫，而馮盎隨即命兒子馮智戴隨使者到長安朝覲（交出人質以示忠誠）。

唐太宗說：「魏徵這個建議勝過十萬大軍啊！」

四年後，嶺南諸洞獠造反，擁眾數萬人，馮盎以自己所掌控的軍隊二萬人予以平定——設若之前發動十萬人赴千里外平亂，要死多少人？而若當時是以武力剿平亂事，且不說馮盎餘眾是否就此雌伏，後來的諸洞獠亂事勢必又要動員十萬人赴千里外平亂，又要死多少人？魏徵可說是「一席話保命無數」。

相對於魏徵的一席話，唐朝之後的五代時期，有更戲劇化的故事：改一個字救了一千人。

故事主人翁名叫張居翰，他是個宦官，歷經唐朝最後四個皇帝。唐昭宗派他去當盧龍監軍（盧龍節度使轄今北京市與河北省一部分），他跟節度使劉仁恭相處融洽，因此當控制皇帝的軍閥朱全忠（朱溫）通令各鎮殺掉朝廷派去的監軍宦官時，劉仁恭將張居翰藏匿起來，謊報已經殺了張居翰。

之後，因朱全忠攻擊盧龍，劉仁恭派張居翰帶兵去跟河東節度使李克用聯合攻擊朱全忠。任務完成後，李克用將張居翰與三千盧龍軍留下，未遣返。朱溫篡唐建立後梁，李克用聯合一些節度使聯合反朱溫，李克用死後，兒子李存勖滅了後梁，建立後唐，張居翰水漲船高官至樞密使、特進、左領軍衛上將軍、知內侍省事，位高權重卻不喜歡捲入爭執。

後唐遠征軍滅了前蜀（割據今四川），前蜀皇帝王衍上表乞降，後唐莊宗李存勖騙王衍，說要分封土地給他，王衍於是率領整個家族和前蜀重要官員北上。孰知情況陡變，蜀地又起變亂，而莊宗自己又要帶兵東征，李存勖寵信的一個優伶景進進言：「王衍的族人和黨羽人數不少，聽說陛下要出征，恐怕他們趁機蠢動（逃回蜀地作亂），不如將他們除掉。」

【原典精華】

景進等言於帝曰：「魏王①未至，康延孝②初平，西南猶未安；王衍族黨不少，聞車駕③東征，恐其為變，不若除之。」

帝乃遣中使④向延嗣繼敕⑤往誅之，敕曰：「王衍一行，並從⑥殺戮。」

已印畫⑦，樞密使張居翰覆視，就殿柱揩⑧去「行」字，改為「家」字，由是蜀

> 百官及行僕役獲免者千餘人。
>
> ——《資治通鑑・後唐紀二》

李存勗聽了景進的建議，下詔「將蜀王王宗衍一行全部誅殺」。詔書已經由中書令蓋了印信，也畫了皇帝的花押，張居翰的官職是樞密使（等同參謀總長），依職權進行覆視，就在殿中柱子上，用筆將「行」塗改為「家」。如此一字之差，王宗衍「一行」包括宮中侍婢與文武百官千餘人得免一死，只殺了王宗衍「一家」（全部王族）——這是一個字保了千餘人的命。

保命通鑑

張居翰的行為如果換在另外一個時空，就是「欺君」之罪，唯一死刑。他之敢於這麼做，一方面他有把握皇帝不知道，因為正忙於動員東征；另一方面，他應該有把握，前去宣詔的宦官不會告密，這一點雖沒有史載的證據，然而張居翰本人是宦官，且一直在權力核心，他又是個與人為善的角色。若沒有這些條件，以他的性格，大概不敢做這種事。畢竟他跟王衍完全沒有交情，完全是出於惻隱之心。

也就是說，若不具備上述條件，讀者可不要「心仰慕而效法」，那是會被「殺頭」的。

如果說張居翰保人命是冒著自己一死的風險，南北朝時的王思政恰恰相反，因為他不死，才保了三千條人命。

北魏分裂為東、西魏後戰爭不絕，王思政是西魏大將軍，鎮守穎川郡長社城（古城在今河南許昌市內）。東魏齊王高澄一心想要建立戰功，提高自己聲望以行篡奪（後來他的弟弟高洋篡位建立北齊），親自領軍攻打穎川。

東魏軍堵塞洧水灌城，城中很多處地下冒水出來，爐灶必須懸掛起來才能煮飯，城

---

①魏王：李存勖長子李繼岌，封魏王，後唐遠征前蜀大軍統帥。
②康延孝：李繼岌部將，征服前蜀後叛變。
③車駕：皇帝出巡稱「車駕」，此處意指莊宗御駕親征。
④中使：宦官受命宣詔稱中使。
⑤繼敕：繼：此處音義皆同「繫」，攜帶。敕：詔書。
⑥並從：全部。
⑦畫：花押又稱畫押，以草書或圖案代替簽名。
⑧指：塗掉。

中缺鹽，人民因而患痙攣水腫，病死十之八九。終於，城牆崩塌一角，高澄傳話給城中軍民：「能生擒王大將軍的，封侯重賞；如果王大將軍受到損傷，他的親近侍從一律處斬。」

王思政眼看情勢已經無可挽回，登上土丘，放聲大哭，面向西方再拜後，作勢要自刎，被左右攔下，綁住他雙臂。高澄派出使節到土山上贈送白羽毛扇，握住王思政的手，傳達高澄的意思，然後兩人手牽手下山。見到高澄，高澄不讓王思政下拜，請他上座，執禮甚恭。王思政最初率領八千人進入潁川，城陷時只剩三千人，始終沒有人投降，高澄將他們解散，發配到邊遠地方（避免他們再度集結）。

王思政如果真的想要殉國，肯定可以如願，而且他的部屬也會隨他一同。可是他選擇不死，為的當然是保自己部下的命，土山上演的那一場戲，是演給西魏領袖宇文泰看的：之前王思政向宇文泰打包票：「敵人如果水攻，我保證支持一年；如果陸攻，我保證支持三年，不需要派援軍來。」結果王思政守了一年多，宇文泰沒有派軍救援，心裡有虧欠，王思政又表演這一幕，保住了他的家人。

〈後記〉杯酒釋兵權的導演——趙普

資治通鑑寫到趙匡胤陳橋兵變、篡奪後周的前一年為止。

趙匡胤「杯酒釋兵權」的故事流傳既廣且遠，史家以此評論趙匡胤是一位仁心之君：相較於之前的漢高祖劉邦與之後的明太祖朱元璋大肆誅殺功臣，趙匡胤當然是強烈的對比。然而，我們觀察趙匡胤的出身、性格與作風，以及趙匡胤打天下的過程作風，可以看出他其實是一位治軍嚴厲的將領，甚至有評語說他是「慈不掌兵」的典範。那麼，何以他從當上皇帝那天開始，突然變得仁慈了？答案是，他有一位依畀甚深的心腹大臣趙普。

趙匡胤的軍令森嚴，在六合（今江蘇六合縣）之戰展露無遺：當時趙匡胤隨五代後周世宗柴榮出征十國之一的南唐，大軍攻下揚州後，南唐皇帝李璟請和，願意取消帝號，並割地六州。可是柴榮不答應，要南唐割讓淮南十四州，因此李璟動員大軍，準備反撲。

柴榮自己回去坐鎮汴京，留將領韓令坤守揚州，命趙匡胤率二千兵馬駐在六合「監軍」。韓令坤面對南唐的復仇大軍，心生畏懼，有意撤退，趙匡胤下令：「揚州軍隊如果有來到六合者，一律砍斷他們的腳！」韓令坤跟趙匡胤原本是哥兒們，沒想到趙匡胤六親不認，沒辦法，只能死守揚州。

揚州堅守不下，南唐軍統帥李景達將矛頭轉向六合，但趙匡胤早有準備，設下埋伏大破南唐軍，南唐軍被殺、被俘者將近五千人，而趙匡胤只有二千人馬。勝利隔天早上，趙匡胤集合部隊校閱，看到皮笠上有切痕的，一律拖出隊伍斬首！原來，趙匡胤在戰鬥進行中，看到有畏戰不前的軍士，就用矛在他們的皮笠上刺出痕跡。經此一役，他手下的軍隊個個衝鋒陷陣，莫敢貪生。以此得見，趙匡胤並非仁慈性格。

趙匡胤成為天子，由於一場軍事政變——陳橋兵變：

後周世宗柴榮去世，七歲小皇帝郭宗訓繼位（柴榮成為後周太祖郭威的養子後改姓郭，雖然我們仍稱他柴榮，但他的兒子都姓郭）。隔年正月初一，小皇帝登殿接受群臣祝賀，當場傳來邊報「契丹大軍入侵」，小皇帝派趙匡胤領軍北上抵禦。趙匡胤的動作確實可以「神速」二字形容：隔天（大年初二）先鋒部隊就出發，年初三主力大隊出發，當天晚上宿陳橋驛（距離汴京五十多公里），事變就發生了。

【原典精華】

夜五鼓，軍士集驛門，宣言策①點檢②為天子，……太宗③入白，太祖起。諸校露刃④列於庭，曰：「諸軍無主，願策太尉為天子。」未及對，有以黃衣加太祖身，眾皆羅拜⑤，呼萬歲，……太祖曰：「太后、主上，吾皆北面事之⑥，汝輩不得驚犯；大臣皆我比肩，不得侵凌；朝廷府庫、士庶之家，不得侵掠。用令有重賞，違即孥戮⑦汝。」諸將皆載拜，肅隊以入。

——《宋史．太祖本紀》

從唐末到五代，不但藩鎮跋扈，事實上藩帥也常由軍士擁立。到後來，士卒更直接

①策：通「冊」，立也。軍士擁立天子用「策」，可見態度囂張。
②點檢：趙匡胤當時的官職是殿前都點檢，掌管禁軍。
③太宗：趙匡胤的弟弟趙匡義，後來的宋太宗。
④露刃：刀劍出鞘，殺氣騰騰，不容趙匡胤拒絕。
⑤羅拜：圍成一圈下拜。
⑥北面事之：君王面向南，臣子面向北。
⑦孥：孩子。孥戮：誅殺全家。

擁立皇帝，拉拔趙匡胤的後周太祖郭威就自己導演了一場「澶州兵變」，由軍士黃袍加身篡了後漢，而陳橋兵變幾乎是澶州兵變的翻版：五鼓時分（相當現在清晨三點到五點），天未破曉，軍士聚集驛站門口，當然是計畫好的。而進入驛站叫醒趙匡胤的是趙匡義和趙普，以此可見整件事由他倆編導，進入驛站的軍士刀劍出鞘，不由分說的黃袍加身——大軍遠征，怎麼可能帶著黃袍？趙匡胤肯定知情，因此台詞也是想好的，條理分明：不准驚動太后跟小皇帝，不得侵凌朝廷百官，不許劫掠京城百姓，違令者族誅。然後，大軍班師回朝，改姓易鼎，後周謝幕，大宋登場。

想也知道，趙匡胤這個龍椅坐得不可能安心——誰曉得晚上一覺醒來，黃袍會不會披在了他人身上，可是如此擔憂非但不能形於色，甚至還要說一些「我們君臣相知相愛，不會有二心」之類的話。

趙普最了解趙匡胤的心，他對趙匡胤說：「禁軍將領雖然都是兄弟，可是萬一他們的部下萬一有人起邪心作孽，那時候他們也身不由己啊！」

趙匡胤嘆氣說：「我想要建立長久之計，該怎麼做呢？」

趙普說：「藩鎮節度使擁兵，解決之道在削弱他們的兵權，控制他們的錢糧，天下自然安定……」

說到這裡，趙匡胤打斷他：「你不必多說，我已經明白了。」之後就演出了「杯酒釋兵權」，但那只是大宋朝廷將兵權收歸中央的第一步：禁軍將領都派出去當節度使。

不久之後，諸節度使入朝，趙匡胤在皇宮後苑擺酒宴款待，酒酣耳熱，趙匡胤又說了：「各位都是功臣故舊，一生戎馬，現在還要在各地操煩防務，實在不是朝廷優容賢能之道。」

天雄節度使符彥卿聽懂他的意思，立即表示自己年紀已經老了，希望能夠安享天年。第二天，參加宴會的五位節度使通通請辭，這是第二步。

之後在趙普謀畫之下，有的封侯（子孫得以受庇蔭）、有的結親（將領兒子成為駙馬）、有的到中央任官「遙領」節度軍區（虛銜），然後各鎮都派文臣接替；經過這三步，才算完成了大宋帝國「強幹弱枝」的架構。

保命通鑑

杯酒釋兵權事實上消弭了兵變的可能性，雖然沒有數字可以呈現他具體保了多少人的命，但就如歷史哲學家弗格森所言：「歷史上真正重要的事件，可能是非事件。」

同理，能夠消弭悲劇或災難發生才是最大的功德。

然而，「杯酒釋兵權」五個字說來輕鬆，故事大家都耳熟能詳，可是有沒有人想過，這件事是那麼理所當然嗎？五代的將領幾乎都是驕兵悍將，天子、藩帥更常常是軍士擁立，要他們交出兵權談何容易？

而趙普的「三部曲」講起來簡單，實行起來肯定有很多技術問題：第一場杯酒釋兵權，必要條件是事先安排好一位帶頭發言者，而要禁軍將領（陳橋兵變的老兄弟）交出兵權，交換條件是給他們地盤，也就是節度使；然後控制各節度軍鎮的錢糧，才可能上演第二場，同時還要應許他們的子孫都能享受富貴，也就是宋朝開始的恩蔭制度，並給他們可以家傳的丹書鐵券（**免死金牌**）——這些都是趙普的設計。

趙普還導演過另一齣戲：趙匡胤初即位時，為了政權與行政安定，仍然續用後周世宗的三個宰相：范質、王溥、王仁德，這三位原本都是他的上司。一次，皇帝跟宰相們議事，趙匡胤假裝看不清楚文書上的字，宰相們站起身，趨前幫忙辨識，等搞清楚了，回頭一看，他們的椅子都被收走了，他們只好站著議事，以此凸顯君臣地位。不多久，三位宰相都「識相」請辭，而趙普被任命為宰相，但是，從那時開始，宰相跟皇帝議事就不再有椅子可以坐了。

《資治通鑑》寫到北宋開國前為止，也因此有了另一重意義：從周朝到五代，宰相都跟皇帝坐而論政，兩宋時宰相站著皇帝坐著，到明朝宰相見要下跪奏事，清朝更自稱「奴才」。也就是說，知識份子面對皇帝愈來愈沒有尊嚴——揣摩只為了拍馬屁、保命成了苟且偷生，至於跳槽，當然那是叛逆。

（全書完）

國家圖書館出版品預行編目資料

資世通：不當皇帝也用得上的資治通鑑 / 公孫策著. -- 初版. -- 臺北市：商周出版：家庭傳媒城邦分公司發行, 2019.12
面；　公分. -- (Viewpoint ; 99)(公孫策說歷史故事 ; 8)

ISBN 978-986-477-773-0(平裝)

1.資治通鑑 2.通俗史話

610.23　　108020909

View Point 99

資世通：不當皇帝也用得上的資治通鑑

作　　者／公孫策
企畫選書／黃靖卉
責任編輯／黃靖卉

版　　權／黃淑敏、翁靜如
行銷業務／莊英傑、周佑潔、黃崇華
總 編 輯／黃靖卉
總 經 理／彭之琬
事業群總經理／黃淑貞
發 行 人／何飛鵬
法律顧問／元禾法律事務所 王子文律師
出　　版／商周出版
台北市 104 民生東路二段 141 號 9 樓
電話：(02) 25007008　傳真：(02)25007759
E-mail：bwp.service@cite.com.tw
Blog：http://bwp25007008.pixnet.net/blog
發　　行／英屬蓋曼群島商家庭傳媒股份有限公司 城邦分公司
台北市中山區民生東路二段 141 號 2 樓
書虫客服服務專線：02-25007718；25007719
服務時間：週一至週五上午 09:30-12:00；下午 13:30-17:00
24 小時傳真專線：02-25001990；25001991
劃撥帳號：19863813；戶名：書虫股份有限公司
讀者服務信箱：service@readingclub.com.tw
城邦讀書花園：www.cite.com.tw
香港發行所／城邦（香港）出版集團有限公司
香港灣仔駱克道 193 號東超商業中心 1 樓；E-mail：hkcite@biznetvigator.com
電話：(852) 25086231　傳真：(852) 25789337
馬新發行所／城邦（馬新）出版集團 Cite (M) Sdn. Bhd.
41, Jalan Radin Anum, Bandar Baru Sri Petaling,
57000 Kuala Lumpur, Malaysia.
Tel: (603) 90578822　Fax: (603) 90576622　Email: cite@cite.com.my

封面設計／許晉維
排　　版／極翔企業有限公司
印　　刷／中原造像股份有限公司
經 銷 商／聯合發行股份有限公司
電話:(02)2917-8022　傳真（02）2911-0053
地址:新北市231新店區寶橋路235巷6弄6號2樓

■ 2019 年 12 月 26 日初版一刷
定價 320 元

Printed in Taiwan

城邦讀書花園
www.cite.com.tw

 ISBN 978-986-477-773-0

廣 告 回 函
北區郵政管理登記證
北臺字第000791號
郵資已付，免貼郵票

104 台北市民生東路二段141號2樓

英屬蓋曼群島商家庭傳媒股份有限公司城邦分公司 收

請沿虛線對摺，謝謝！

書號：BU3099	書名：資世通	編碼：

請於此處用膠水黏貼

商周出版

讀者回函卡

感謝您購買我們出版的書籍！請費心填寫此回函卡，我們將不定期寄上城邦集團最新的出版訊息。

不定期好禮相贈！
立即加入：商周出版
Facebook 粉絲團

姓名：＿＿＿＿＿＿＿＿＿＿＿＿＿＿＿＿ 性別：□男　□女

生日：西元＿＿＿＿＿＿年＿＿＿＿＿＿月＿＿＿＿＿＿日

地址：＿＿＿＿＿＿＿＿＿＿＿＿＿＿＿＿＿＿＿＿

聯絡電話：＿＿＿＿＿＿＿＿＿＿ 傳真：＿＿＿＿＿＿＿＿＿＿

E-mail ：

學歷：□ 1. 小學 □ 2. 國中 □ 3. 高中 □ 4. 大學 □ 5. 研究所以上

職業：□ 1. 學生 □ 2. 軍公教 □ 3. 服務 □ 4. 金融 □ 5. 製造 □ 6. 資訊
□ 7. 傳播 □ 8. 自由業 □ 9. 農漁牧 □ 10. 家管 □ 11. 退休
□ 12. 其他＿＿＿＿＿＿＿＿＿＿＿＿＿＿＿＿

您從何種方式得知本書消息？

□ 1. 書店 □ 2. 網路 □ 3. 報紙 □ 4. 雜誌 □ 5. 廣播 □ 6. 電視
□ 7. 親友推薦 □ 8. 其他＿＿＿＿＿＿＿＿＿＿＿＿

您通常以何種方式購書？

□ 1. 書店 □ 2. 網路 □ 3. 傳真訂購 □ 4. 郵局劃撥 □ 5. 其他＿＿＿＿

您喜歡閱讀那些類別的書籍？

□ 1. 財經商業 □ 2. 自然科學 □ 3. 歷史 □ 4. 法律 □ 5. 文學
□ 6. 休閒旅遊 □ 7. 小說 □ 8. 人物傳記 □ 9. 生活、勵志 □ 10. 其他

對我們的建議：＿＿＿＿＿＿＿＿＿＿＿＿＿＿＿＿＿＿＿＿

請於此處用膠水黏貼